甘肃政法大学“国家治理协同研究科研创新团队”研究成果

政务融媒体

网络政民互动效能的实践路径和案例启示

王峥嵘◎著

中国经济出版社
CHINA ECONOMIC PUBLISHING HOUSE
·北 京·

图书在版编目（CIP）数据

政务融媒体：网络政民互动效能的实践路径和案例启示/王峥嵘著. --北京：中国经济出版社，2021.7

ISBN 978-7-5136-6518-6

Ⅰ. ①政… Ⅱ. ①王… Ⅲ. ①电子政务-研究-中国 Ⅳ. ①D63-39

中国版本图书馆 CIP 数据核字（2021）第 131791 号

责任编辑　夏军城
责任印制　马小宾
封面设计　任燕飞

出版发行　中国经济出版社
印 刷 者　北京富泰印刷有限责任公司
经 销 者　各地新华书店
开　　本　710mm×1000mm　1/16
印　　张　13.75
字　　数　155 千字
版　　次　2021 年 7 月第 1 版
印　　次　2021 年 7 月第 1 次
定　　价　88.00 元
广告经营许可证　京西工商广字第 8179 号

中国经济出版社 **网址** www.economyph.com **社址** 北京市东城区安定门外大街 58 号 **邮编** 100011
本版图书如存在印装质量问题，请与本社销售中心联系调换（联系电话：010-57512564）

前言

克莱·舍基在《未来是湿的》一书中指出，以前的世界是“干巴巴”的，而现在或未来的世界是“湿漉漉”的，社会存在的形式——交往与互动变得比以往更加频密，甚至完全不同，进而成为一个“人人时代”。显然，这与“网络时代”的大数据技术密不可分。在此情境下，组织与管理的发展不是要与既有部门、地域和国家接轨，而是要与个体主义、集体主义、无组织行为以及由不同人、不同群体、不同部门互动所构建的复杂世界接轨。组织与管理不仅要面对人才、资源、技术等缺乏所致的困境，还应思考如何面对、适应人与人、人与组织间频密互动带来的机遇和挑战。在以往“干巴巴”的世界里所采用的管理思维、取向、制度显然不再适应未来发展的要求，需要“思维变革和管理变革”，需要不断思考、创新、评估和完善组织管理的方法与模式，以便更高效地实现未来世界的管理目标。

就政府组织而言，管理的情境、目标、困境以及模式将发生革命性变化。国内学者米加宁（2020）指出，随着互联网、云计算和物联网技术的发展，以及政府组织在运用大数据、人工智能技术方面的突破，政府供给的方式不再局限于传统的“物理空间”，不再是简单的“整体性政府”构建。政府组织在形态上将发生革命性变化，即从工业化时代的“物理空间”政府形态向网络时代的“数字空间”政府形态转型。这种全新的政府形态，不仅是以往政府组织所采用的电子政务形式在范围上的持续拓展，而且是政府组织与公众沟通互动的手段和模式不断丰富与深化的结果。

网络政民互动意指在全新时代背景下政府组织与公众的交往方式与过程。其重要价值在于，作为“数字政府”时代一种典型的“电子民主”解决方案，网络政民互动不仅有利于公众大规模表达自身诉求，而且为政府组织提供了了解公众意见、调适公共决策和公共事务发展方向的机会；不仅极大地促进公众参与意识的转变，而且将有力地推动政府组织管理思维和模式的转变。然而，目前相关实践往往仅将其作为电子政务形式、内容的延伸或收集、储存数据打破信息孤岛的手段，网络政民互动的制度化良性运作仍面临诸如公众会在多大程度上参与、政府组织如何回应、如何避免低效的被动回应以及如何提升政民互动效果等一系列现实挑战。

究其原因，在于现有研究对网络政民互动作为政治参与方式在公众与政府间所扮演的角色及发展潜能缺乏理解。具体表现：现有的网络参与模型并未明确以公众为核心的网络参与的整体内涵，对公众网络参与的认识呈现碎片化特征；现有研究大多是从理论上定义并确认网络参与工具的“成功”，多采用定性的研究方法，主要着眼于公众的社会文化和心理特征等因素；现有研究缺乏对以政府留言板、网络问政、网络理政等为代表的网络政民互动情境的充分探讨。挖掘网络民主举措的潜能、推进理论研究和实践发展迫切需要对网络政民互动行为及其特征、效能的形成机理、实现与提升路径进行理论探讨。

从认知逻辑来看，公众感知既是网络政民互动效能价值判断的根本标准和取向，也是互动重要而独特的结果。其现实性在于网络信息技术发展推动以政府为中心的公共服务向以公众为中心的网络公共服务转变。以公众为中心的服务理念和模式，要求效能评估以公众感知绩效改进为基础。其有效性在于公众既是服务绩效的消费者，也是绩效改进的生产者，可将公众感知作为绩效评估的解决方案和战略工具。

在网络政民互动中，公众通过感知偏差——诉求表达推动行政改进。因公众网络表达具有理性、感性和知识取向，所以其具备与政府组织良性互动的潜质。在此过程中，一方面公众的参与意愿与政府组织的观念存在长期而持续的相互作用，公众会对政府观念、行政努力和政府回应产生看法；另一方面政府组织可借公众参与的动力机制实现绩效改进。也就是说，互动效能既是公众与政府组织良性互动的结果，也是公众网络参与潜力实现和政府组织行政变革的动因，是基于平台环境营造与系统设计规划，主体功能契合和行为模式协调的过程。因此，作为一种综合效益，互动效能不仅要关注短期的互动过程与结果，即政府回应和公众感知满意度；还要关注较长时期的互动过程与结果，即是否推动行政能力与服务绩效的提升。

公众感知满意度是互动效能的重要体现，对公众感知满意度的分析是刻画网络政民互动行为的基础。在“数据留痕”的时代，网络政民互动平台上的大量数据能够全面、准确地反映主体的行为及其特征，通过对这些互动数据的有效挖掘能够实现对公众参与行为、表达行为、话题情境、个体特质和政府行为等因素的描述与刻画。通过推论与分析这些因素与公众感知满意度之间的关系，可以引导我们分析数据集之间、个体之间、群体之间的关系，进而有益于公共管理者对网络政民互动行为规律的认识和理解，有益于政府组织对网络政民互动功能的定位，并为提升政民互动效能的相关举措提供依据。

行政改进是公众感知互动效能的基础，只有了解我国当前网络政民互动实践中互动效能实现的边界在哪里，需要哪些行政努力，具备何种具体条件和环境，网络政民互动的潜能才能得以释放。也就是说，在既有体制下，我们需要持续探索网络政民互动效能的实现模式和机理。这种探索能够为政府组织提供整体视野，帮助公共管理者准确定义和理解网络政民互动的潜在缺陷，给政府组织确定网络政民互动的战略发展方向和制度安排以启发。

由此可见，网络政民互动效能潜能发挥可以从公众感知满意度和政府行政改进两方面理解。因而需要全视角、宽视野进行系统规划和流程设计，而非仅仅将其作为信息沟通渠道，如此网络政民互动效能才能得以实现。为此，政府组织应积极创造和改善网络政民互动效能实现的条件，且贯穿网络政民互动的整个过程。着眼于关键环节功能的实现，政府组织应当从发展方向、平台环境、组织流程等方面对其进行系统规划和设计，不断推动政府行政改进，持续提升公众感知满意度，进而充分发掘网络政民互动的潜能。

综上所述，立足于网络数字时代政府管理需求，本书以政府组织与公众的交互形式——网络政民互动为主题，以互动效能的释放与提升为切入点，以公众感知视角，通过描绘公众网络参与的微观行为，研究提升网络政民互动效能的基本逻辑、关键因素和过程；通过大数据方法和实践案例，提出网络政民互动效能的理论分析模型，研究互动效能的实现机理，以强化相关部门对以公众为核心的网络参与的整体理解，推动基于数据探索的政务实践，实现大数据等相关技术在网络政民互动中的应用，为政府组织开发、设计网络政民互动平台应用和进行数据驱动的行政决策及社会精准治理提供借鉴与启示。

目 录

第一章
绪 论

第一节　问题缘起

为适应经济社会发展的要求，我国确立了行政体制改革的总体目标，即全面提高政府效能，深化简政放权，创新监管方式，增强政府公信力和执行力，建设人民满意的服务型政府。以满意感为导向，政府组织不仅要关注与群众切身利益相关的社会经济发展的客观层面，还要关注与群众参与感、成就感、获得感等与个体心理体验相关的主观层面。以群体满意感为导向的服务型政府建设的核心是公众需要哪些公共服务，以及如何提升服务的质量，以便提升公众体验满意度。前者涉及公共服务建设的民意收集和处理，后者则涉及提供公共服务的模式和制度安排。在网络信息时代，解决这些问题面临着全新的背景和要求，信息时代的“数字化生存”不仅使公众在表达诉求和获取服务时越来越倾向于利用网络信息技术，还使政府组织拥有了更多优化和变革公共服务方式的机会。在此情境下，基于“网络群众路线”创新“人人时代”政府组织与公众的互动模式，以实现民意的有效收集和服务的高效，成为政府组织全新的理政思路和愿景。

从相关领域的实践来看，各级地方政府先后通过新闻媒体、政府部门、社会组织等不同主体主导的网络渠道问政于民、问需于民。其中，由新闻媒体主导的较具影响力的互动平台或公共论坛有“地方领导留言板”“强国论坛”等；由地方政府主导的问政平台包括“寒山闻钟”“有话请您说”等。除此之外，各级地方政府还建设了各种以在线办事为主要功能的政务信息化系统，并取得了长足发展，且已成为政府提供公共服务和进行社会治理的重要支撑。同时，伴随移动互联网和社交媒体平台的迅猛发展，政务微博、政务微信等新型政务服务模式也得到了发展，逐渐成为政府与公众沟通交流的重要途径，这些沟通和服务模式在社会经济管理、民生保障改善等方面成效显著。其中，一些地方政府的在线平台已形成较具特色的模式和风格，成为了解公众网络参与规律和网络民主状况的重要途径。这些实践活动传达了政府积极探索创新网络时代治理方式的重要信息，引发各界对网络政民互动有效性与发展潜能的广泛讨论。

从理论研究层面来看，现代民主的本质在于公众诉求与政府行为间达成必要的一致性。为此，政府组织和公众之间必须进行充分、广泛和有效的沟通与互动。传统的线下沟通渠道不仅存在时空局限和沟通成本等方面的问题，而且与现代政府的变革目标不相适应，并因社会系统的复杂程度加剧而面临越来越多的挑战。特别是在公众参与度不高的情况下，公众有可能觉得政府是偏远的、脱节的和不可接触的。许多观察家用“动机危机”或“脱离危机”等来表述这种现象，即传统的参与形式和沟通渠道在某种程度上失去了吸引力。目前，对这些复杂的发展状况进行完整说明仍然是一个挑战，但可以谨慎地得出结论，即民主制度面临失去公众支持的风险。对于“数字政府”时代，从事民主治理研究的学者提出，“电子民主”的解决方案有利于公众通过网络途径广泛、便利、低成本、有序地表达自身诉求，至少在一定程度上是对传统政治参与度下降的一种新的形式的弥补（Stolle et al.，2011）。这不仅有助于提升公众自身效用、参与意识和能力，而且为政府提供了了解公众意见、调适公共决策和公共事务发展方向的机会。

人们普遍认为，提高公众参与度的举措有利于促进公众的偏好与政策结果的一致性（Besley et al.，2008），网络政民互动就是这样一种典型的数字解决方案，这种网络民主举措具备促进公众偏好与政策结果一致的潜能，而且相比传统的政治参与形式，人们对一个关系自身利益的特定问题更积极，并与政府展开有效互动，而不是陷入宽泛的机构议程。在此意义上，网络政民互动中的公众参与更加真实，更具有公共行政的理论价值和现实意义。由此，社会变革的故事可以通过在线活动的视角来理解（Yang，2009），这预示着政民网络互动是网络时代政府治理发展的“理想图景”，近年来相关议题已备受学界关注。

具体而言，网络民主举措的情境特征在于网络信息技术的兴起与发展，改变甚至颠覆了人们传统的生活方式，为人们从事各种公共活动、参与公众事务提供了新途径，公众可以通过网络更具活力地改变社会公共领域。公众网络参与凭借互联网在信息表达和信息传递方面所具备的互动性、即时性、平等性、开放性等诸多传统政治参与渠道所不具备的优势迅速崛起，使公众参与公共治理和政治生活成为一种新常态。同时，公共服务的场域发生了根本性改变，政府组织需要不断认识和理解公众网络参与对公共服务和社会治理带来的影响。而且，随着社会各主体交往互动的不断增多，数量庞大、种类繁多、更新速度加快的大数据聚合所蕴含的社会价值和商业价值将引发一场全新的革命，这场革命正在不断印证科技创新驱动社会管理变革的强劲态势，公共治理变革的全新社会条件与需求已经形成。数据的“流动性”与“可获取性”的不断发展意味着公共治理在追求公共利益的精益性、进行科学决策时具有更优的条件。针对公众网络参与公共治理的潜能和网络信息技术为改善公共治理提供的契机，公众网络参与的核心是如何不断提升公众网络参与及政民互动的有效性。

总体来看，国内外相关实践和理论研究都已证实，面向公众的网络民主举措能够通过现代网络信息技术打破传统的政府组织边界和时空限制，构建新型基于网络的信息传播途径和更高效、更便捷的政民互动模式，实现从有限的公众偏好表达到广泛的公众参与的过渡（Vragov et al.，2013），进而推进公众与政府间的双向沟通，保障公众对公共事务的知情权、参与权、表达权和监督权。同时，网络民主举措的迅速发展，促进了政府治理与公共服务模式的创新，对社会经济的持续健康发展产生了重要影响，成为社会进步的重要推动力量。作为一种利用网络信息技术实现公众与政府间大规模、广泛互动的倡议，网络政民互动在解决社会问题过程中发挥着重要作用。

但是，着眼于相关举措的制度化发展及其潜能的充分发挥，必须认识到目前我国网络政民互动实践在公众参与的广度、深度和效果等方面仍处于较低水平。网络政民互动持续发展的基础——公众网络参与并非必然，传统上大多数人在解决常规和具体问题时，仍然倾向于通过线下渠道（Pieterson et al.，2008）。同时，政府组织回应的方式、特征和条件等面临着复杂的系统环境，并因回应效率、回应程度等影响公众网络参与体验。在实践中，地方政府发展网络政民互动的理念和能力还有待提升，地方政府虽然已经认识到网络政民互动的重要性，但仍缺乏对其在行政变革进程中的定位认知，无法全面发掘网络政民互动的潜能。目前，网络政民互动的制度化运作仍面临着诸如公众在多大程度上参与、政府怎样进行回应、如何避免低效的被动回应以及如何提升政民互动效果等现实挑战，解决仅将其看作收集和储存数据以打破信息孤岛的手段等问题倾向。这些问题制约了公众网络参与作用的有效发挥，影响了地方政府网络民主举措目标的实现，因而亟须立足网络政民互动实践，对网络政民互动及其效能进行系统且深入的理论研究。

目前，已有相关研究探讨公众网络参与的理论内涵（陈纯柱等，2013），分析其具有的民主潜质及其在政府行政变革中的价值，但是相关研究往往是着眼于公众参与公共事务的网络信息技术及其使用，而不是将制度创新作为研究重点（Grönlund，2002）。而且，现有文献仍然缺乏公众对网络政民互动期望和经验的探索，对在线互动平台在政民沟通方面的作用缺乏了解（Goncalves et al.，2015）。从研究路径来看，现有研究大多为质性研究，实证研究较少。相关实证研究也只是遵循理论梳理假设——调查实证检验的“理论驱动”模式，且大多数现有研究仍关注网络平台的产出而非过程，使用的也不是原始数据，因此很难用于检验现有理论，更不用说增加或产生新的理论（Yildiz，2007）。

事实上，网络政民互动实践的充分开展，为公众网络参与和政府网络民主举措提供了丰富素材，为理论创新奠定了坚实基础。同时，网络政民互动带有较强的在线动员痕迹，其中的数据可以描绘和跟踪公众基本动态。这些非结构化文本数据很有价值且可操作，能够推动社会科学研究范式的转变（米加宁等，2018），改进传统基于调查数据或者选举数据的研究局限（Yasseri et al.，2014），对理论研究和实证分析十分重要（King，2014）。网络上的这些数据能够客观、真实地反映社会公众的行为、能力、态度和意识，这些信息是网络空间与现实社会深度融合的产物，蕴含着丰富的规律性信息和理论内涵（邬贺铨，2013），结合现有的数据分析技术可为网络政民互动实证分析提供便利与可能。

综上所述，现有研究虽然在定义确认网络参与工具成效方面有所建树，但是在网络政民互动方面仍面临困难，对其作为政治参与方式在公众与政府间所扮演的角色及发展潜能缺乏了解，对网络政民互动的微观层面缺乏理论分析和基于政民互动平台及数据的实证研究。结果是政府组织既无法从观念、方法和路径等层面通过网络政民互动有效开展实践活动，也无法充分发挥其在行政改革、社会治理和民主进程等方面的作用。

这些问题的解决迫切需要我们更好地理解网络政民互动的行为基础、参与模式和作用机制；需要通过扎实的实证研究来解决现有研究规范方面的问题。这方面的研究将有助于创造新的理论依据，并提供新的概念和类别，有利于强化网络政民互动与行政研究之间的联系。为此，需要重新审视网络政民互动情境下的公众、政府组织及其互动行为，通过政民互动实践数据发现公众与政府组织互动行为的本质特征与规律，从理论层面构建和验证互动效能的形成机理，构建互动效能的分析模型和改进模式，并提出互动效能的提升路径，以回应社会实践与理论研究对网络政民互动功能定位和发展优化的关注。

第二节　研究价值

一、理论意义

关于公众网络参与的研究复杂且广泛（Grisez Kweit et al.，2007），不同情境和视角下可得出不同的认知和启发。本书探讨的以政府留言板、网络问政、网络理政为代表的网络政民互动系统具备独特的参与情境，现有研究对此网络参与情境缺乏深入探讨。网络政民互动过程既涉及公众参与的行为及特征，又涉及政府组织线上和线下的行政努力，是公众和政府组织间广泛、直接、大规模交互的复杂过程。对过程中主体参与行为的认识是相关网络民主举措发展的基础，相关研究有助于加深对网络政民互动的本质、公众网络参与在实现互动效能方面的潜能以及公众与政府组织在其中所扮演角色的理解。

互动效能是政府公共行政的结果和追求，互动过程的复杂性、管理问题的多样性，决定了互动效能必须建立在对多元主体行为的理解及其相互作用和影响基础上。本书通过对互动效能内涵及框架的阐释，在一定程度上具备突破现有研究从单一网络空间进行理论探索的桎梏，有利于拓展网络政民互动研究的操作路径，深化公众网络参与和地方政府公共服务的理论联系，为网络政民互动系统的发展和应用提供理论依据。

公众网络参与是一个具有内在复杂性和多维价值取向的概念，目前很难用通用的标准、公认的评估方法、可靠的测量工具和全面的分析框架来判断公众网络参与的成效。立足网络政民互动的具体情境，本书通过扎根理论研究、数据挖掘和案例分析方法，对互动效能内在机理做进一步验证和拓展。通过研究互动效能，在理论层面融合新公共服务、公共价值和电子民主的价值取向，揭示和验证政民互动行为与互动效能的关系，丰富公众网络参与有效性的认知。

二、现实意义

公众网络参与并非必然，其仍面临公众参与积极性不高的问题，依靠调查问卷数据对影响公众参与积极性的因素进行分析，难以做到及时、高效，且难以准确把握主体行为及其特征。网络政民互动系统为挖掘公众参与行为特征的数据提供了条件，据此我们可通过观察测量维度数据，收集从公众意识到公众行为的数据并开展实证研究，这是社会计算技术在该领域的创新性应用。在当前理政背景和政务大数据技术条件下，这种社会计算技术的应用将为政府组织开展相关工作提供独特而重要的支持。

公众感知满意是公共服务的核心取向，传统上对公众满意度的测量不仅无法兼顾线下和线上、短期和长期、主观和客观等方面，而且存在成本和效率问题。基于公众感知互动效能的框架，本书通过挖掘公众和政府行为的数据，以及对外显行为特征的观察，在一定程度上可实现对公众感知满意程度的测量和预测，相关研究可为公众感知满意度及其影响因素分析提供系统方案，有利于政府组织前瞻性地制定相应举措。

传统公共行政及其实践主要依靠经验决策和专家系统，缺乏对公众网络参与的诉求表达和取向的关注，缺乏对数据驱动公众意见的实时监测和精准判研。大数据时代，网络政民互动系统中数量巨大、结构复杂、类型众多的数据集合，处于“休眠”状态的公众诉求的数据资料，为公共服务绩效改进提供了决策依据。通过案例实践解析和模式分析，可将对大数据的应用落实到具体操作层面，为实现绩效改进提供新的解决方案。

第三节　研究述评

一、公众网络参与价值及动因

伴随着公众网络参与实践的发展，公众网络参与的价值成为热点研究领域。目前大多数研究将公众网络参与置于政治参与视角，探讨的主题包括公众网络参与与政治民主发展、政府政策制定以及公众网络参与的主体动因与行为等。

针对公众网络参与为政府与公众关系带来的变革与可能，Islam（2008）基于调研结果，把网络赋能对应于信息、网络卷入对应于咨询、网络赋权对应于主动参与。在此基础上，Linders（2012）定义了公众网络参与的类型，包括公众对政府（C2G），即公众通过咨询和建议向政府分享其看法；政府对公众（G2C），即信息的通知与推送；公众对公众（C2C），即公众自组织。现有相关研究已经得出作为一种重要的政治现象，公众网络参与会对政治体制产生深远影响（刘文富，2002），需要关注公众网络参与对政治民主发展的价值及其功能定位和发挥这些功能所需的环境与条件；否则，公众网络参与不仅不利于民主政治的发展，还有可能产生不良影响甚至潜在风险。从政策制定视角，有学者认为，网络信息技术能够带来一种范式革命，信息和权力将形成一种新的联结，既可以实现网络赋权，也可以是新的控制工具（蔡文之，2007）。这些研究为丰富和发展网络参与理论提供了基本分析框架。

针对公众网络参与的民主价值，Amaral 等（2000）指出网络信息技术远远超出印刷、电视或任何其他形式的“单向”交流，伴之发展的网络实践构成了全球“政策反馈”的一种形式，这是引导社会走向可持续发展的必要条件。在决策过程中，政府应该抱持信息共享和合作思维，因为公众拥有广泛而有效的知识，可以为政府决策及时提供有价值的信息（诺维克，2010）。Polat（2005）通过将互联网解构为信息源、通信媒介和虚拟公共领域三个方面来调查互联网与政治参与之间的解释性联系，认为即使互联网有利于公众了解有关政治信息，仍然需要更全面的理论和实证研究，以理解信息与政治参与之间的关系。从政治民主发展视角来看，国内有学者以网络问政作为公众网络参与的典型实践，强调制度化建设在公众网络参与中的重要意义（陈纯柱等，2013）及其对政治民主化的积极意义（徐黎明等，2008）。

从公众网络参与的动因和行为来看，网络环境中的公众参与并非必然。Chen（2002）根据互联网用户调查数据证实了感知有用性在促进公众参与方面具有显著的正面影响。Lee 和 Kim（2014）使用来自韩国首尔市政府电子参与计划的调查数据，通过有序逻辑回归分析揭示了在社会资本和网络参与管理方面影响公众积极参与的因素。Yang 和 Pandey（2011）通过对美国特定城市及政府部门的调查发现，参与者的能力是参与结果最重要的解释变量，参与本身是一个可以提高能力的过程，这一研究结果支持了教育公众的重要性。国内有学者关注了在公众网络参与迅猛发展背景下，渠道供应、参与成本和安全性可能带来的无序性参与问题（张亚勇，2007）。还有学者关注了网络论坛中公众参与过程中话语表达的理性问题，认为公众理性表达是网络参与的基础（Panagiotopoulos et al.，2012）。可见，参与动因和行为是公众网络参与研究的重要议题，相关探索和研究结论丰富而零散。

二、电子政务演化及评价

电子政务是政府利用网络信息技术、工具及其应用，通过改善公共服务的提供、信息和服务的获取以及公共治理来提升公共行政的透明度和问责效率的行政模式。从内涵上看，早期电子政务的定义侧重于为公众提供服务（Yildiz，2007），随后电子政务的概念逐渐扩展到了政治科学领域，主要涉及四个方面，即为公众和企业提供服务、改善政府绩效和社会包容、电子民主以及参与（Abu-Shanab，2015）。Holmes（2001）区分了电子政府中不同类型的政府关系，包括政府对公众、政府对企业、政府对政府。Kim 等（2001）用四阶段模型解释了电子政务的演变，包括提供和传播信息、在线交易、垂直整合服务交付、横向整合阶段。这些研究对电子政务的理论和实践发展脉络进行了有效梳理。伴随网络信息技术的飞速发展，有学者提出云平台能够在一定程度上解决政务系统和公共服务的对接问题（周杨，2012），甚至有学者提出可以基于云构建政府和企业间互动的全新模式（梁晓琴，2013）。就其功能定位来说，有些学者着眼于平台模式的变迁，探索移动服务平台在服务的价值、质量和效率等方面的优势（李重照等，2014）。总之，在电子政务发展和演化过程中，通过不同方式改进政府公共服务能力越来越引起相关理论研究者的重视。

Lollar（2006）通过对 29 个政府网站的调查研究，分析了中国电子政务的现状和功能，探讨了政府网站的透明度，并指出电子政务的有效性及其意义。Blakeley（2001）指出电子政务系统为中国公众提供了参与政治活动的新机会，包括获取政治新闻、参与在线民意调查以及与政府组织沟通等。Singh（2010）调查了公众对电子政务在打击腐败行为方面的看法，研究了电子政务举措在减少腐败行为方面的作用，发现电子政务与改善政民关系及减少腐败行为呈正相关关系。Wong 等（2004）对包括中国在内的 14 个国家的电子政务发展展开研究，发现电子政务可以改善信息流动。针对电子政务的评估，有学者通过对影响公众满意度因素的分析，提出了基于 SEM 的公众满意度评价方法（龚莎莎，2009）。有学者提出不仅要考虑公共服务的效率和效益，还要关注网络系统对服务绩效的支持，这既可以作为电子政务的发展方式，也可以作为电子政务的评估维度（孟庆国，2012）。还有学者认为，电子政务的假设前提是以公众为客户，是一种 G2C 模式，在此情况下，可以将公众的满足程度和服务质量的实现程度作为电子政务评价的两个重要维度（谢雪玲，2013）。

总体来看，相关研究确认了电子政务的主要目标是提高公共服务的质量，现有研究从最初关注电子政务技术转向如何利用电子政务改进和提升公共服务，而对公共服务的满意度评价则多以 SERVQUAL 和 SERVPERF 模型为基础（董德民，2017）。有关电子政务的研究包括三个不同脉络：一是寻找网络信息技术与电子政务之间的联系；二是衡量一些国家的电子政务质量；三是涉及一些国家的案例研究，以审视相关国家电子政务的框架和状况（Al Athmay，2015）。

三、网络政民互动及政府回应

伴随电子政务的发展和公众网络参与的深入，关注点正从单纯的信息沟通转向政府与公众间更深刻的互动研究，政民互动的实现除了有赖于公众的积极参与，还有政府组织的有效回应。从某种意义上说，只有公众与政府组织间展开有效互动，相关网络倡议才能真正实现其价值。

在我国，已有一些研究探讨网络问政在公众政治参与方面的理论内涵及其民主潜质，这些研究既有从政治文明层面展开分析的，也有从公众权利层面进行论述的（陈纯柱等，2013）。可以说，现有研究从理论上定义并确认了网络问政作为参与工具的“成效”，在一定程度上奠定了网络问政作为政民互动形式的理论基础。国外相关研究主要聚焦政府门户网站和其他媒体类型在政府与民众互动方面的潜力，Sandoval-Almazan 和 Gil-Garcia（2012）指出门户网站不仅可以视为提供政府信息和公共服务的渠道，还可以视为不同社会行动者和政府实体之间进行交互并实现信息和知识交换的有力工具，开放政府是一个与公众参与和合作明显相关的强大趋势。Mossberger 等（2013）发现公众最有可能与地方政府进行网络互动，社交媒体等新工具有可能改善与公众的互动。在政民互动的渠道和内容方面，Bonsón 等（2015）通过实证分析发现，地方政府对不同媒体和内容类型的偏好取决于其公共管理风格和制度背景，公众网络参与受到媒体类型和内容的显著影响，地方政府应尽可能向公众发送有趣且相关的内容以促进其参与。

针对在不同群体的态度，Moon 等（2005）发现公众和公务员两个群体的心理框架显著不同，公众对网络参与所涉及的隐私、安全等问题持悲观态度，这可能造成其对政府组织更加不信任，并导致其对改善服务和信息传播技术应用渴望的加强；而公务员则倾向于对网络参与持有积极看法，对实施政民互动的热情似乎是由对政府安全地提供服务和满足公众需求能力的强烈信心所推动。Hien（2014）通过对政府部门及其首席信息官的问卷调查，提出网络服务质量的测量尺度，包括信息质量、服务质量和组织质量。

针对政民互动模式，Chadwick 等（2003）通过分析美国、英国和欧盟的三个电子政务案例，提出三种国家与公众间的互动模式，即管理的、咨询的和参与的，指出要使咨询和参与式互动成为国家与公众间互动的方式，就必须对现有政策进行重新配置。杜治洲（2008）将政府与公众间互动的模式划分为管理型、协商型、参与型三种。有学者着眼于网络参与中政府的决策逻辑，依据公众参与程度和政府回应程度，提出鸵鸟、杜鹃、蜂王和鸳鸯四种模式，其中鸳鸯模式政民互动的程度最高（翁士洪等，2013）。总体来看，学术界普遍认为诸如政府留言板、网络问政、网络理政等形式是我国目前比较典型并容易走向成功的互动形式。虽然类似的网络平台具备政民互动的潜力，但是其潜力的发挥仍有赖于政府和公众间更有效的互动、参与和协作机制（Sandoval-Almazan et al.，2012）。

在政府回应方面，Hassid 等（2011）通过对肯尼亚和中国的定性个案研究发现，在媒体曝光后，相较于肯尼亚，中国政府的回应快速而有效。Distelhorst 等（2013）通过对中国的实地试验发现，在线渠道往往能够及时提供相关信息，地方政府对社会经济地位较低的公众表现出较高的回应水平。Kweit 等（2004）的调查研究发现，如果官员减少参与的机会，公众对政府决策和政府行为的支持则可能会减少。高质量的公众网络参与可以理想的方式影响参与者的信念，提高参与者对政府绩效的信任以及对不同意见者的回应和宽容。

如今，国内越来越多的学者开始关注政府回应的方式、特征和条件等，认为网络问政中体现的政府回应性是民主社会政府合法性来源之一，网络问政是一个从输入、输出到反馈的政府回应框架（李松林，2013）。Meng 等（2017）通过实验研究发现，在通过正式机构或互联网获取公众建议方面，政府组织表现出同样的水平。杨国兵（2016）通过研究“寒山闻钟”网络问政案例发现，政府回应与环境及事件之间存在联系。有学者发现，公众参与大多受到自身利益的驱使，目前政务平台上政府部门的回应质量无法得到保证（张廷君，2015）。还有学者发现，公众参与在政策形成过程中发挥作用，但网络问政中的政府回应存在“选择性”（张华等，2013），即仍然需要深入探析政府回应在发挥网络民主潜力上的角色和作用。

四、网络参与效能及评估

针对公众网络参与的效果，Ergazakis 等（2012）提出一系列宏观评估标准，包括政治层面对政策的贡献，社会层面给目标群体的好处，技术层面的绩效、可用性、可访问性和可持续性等。从政府层面来看，有研究者关注公众网络参与中政府公共服务的效果评估，并聚焦政务服务类型的评估，发现大多数政府组织仍然遵循信息和服务提供商的愿景，相关治理模式仍处于初始阶段（Sandoval-Almazan et al.，2012），政府的服务模式和治理方式还需要更多的理论支持和实践探索。从公众层面来看，约翰·克莱顿·托马斯（2005）指出公众参与的不同类型，包括与公众分享权力、让公众获取信息以及增进政策接受性等，并分别指出其衡量标准。Kweit 等（2004）指出公众参与可能没有任何影响甚至是负面影响，但是如果政府组织确实减少参与的机会，公众对政府决策和政府合法性的支持率就会降低，甚至可以说，是公众参与的信念提升了公众对政府政策的满意度，并增强其对政府合法性的认可，而不是其实际功能。

从微观层面来看，学者一般采取资料评估的方法对公众网络参与效果进行研究，选取政府回应情况与公众满意度两个指标加以测度。Kelly 等（2002）分析了许多针对公众满意度的研究，指出其中一些有关政府服务评价的意见分歧明显。有学者在评估基于 Web 的公共服务时，发现服务的个性特征和属性非常重要，社交媒体平台中的发帖时间和类型是影响其覆盖面和有效性的重要因素（Goncalves et al.，2015），这说明评估维度的选取在不同类型的公众网络参与中侧重点不同。基于整体视角，Scott 等（2016）构建了一个以公众视角为中心的净效益综合模型，主要评估网络服务的效率、有效性和社会价值等，以了解公众认为哪些是电子政务最重要的因素。王建玲、邱广华（2011）在回顾公共部门变革和界定公共服务质量内涵的基础上，比较了公共部门服务质量测评的两类模式，即差异模式和绩效模式。总体来看，大多数相关研究主要着眼于公众的社会文化和心理特征等因素，基于政务网站资料或调查问卷展开研究，鲜有基于主体行为及特征的“客观”数据探索。

五、总结与评价

有关网络参与、电子政务、政民互动和网络参与效能等研究成果为我们理解网络政民互动效能提供了有益参考；针对研究问题，我们还需要对政民互动的网络参与形式、相关举措的有效性和研究方法与路径等层面做进一步拓展和探索。

从网络参与形式来看，国外相关研究主要聚焦网络参与和电子政务；而国内相关研究除了关注上述参与形式外，对地方政府在实践中所采用的政府留言板、网络问政、网络理政等参与形式也做了探讨，并从理论上确认这些参与工具在具体实践中的“成效”，这些研究奠定了网络政民互动作为公民参与形式的理论基础。然而，网络参与概念化方面的研究仍然有限，现有文献对公众网络参与各个方面的描述呈现碎片化特征，不利于人们对网络参与的整体理解，且源于公众网络参与形式的多样性和差异性，相关研究视角和观点存在较大差异。因此，伴随网络民主举措的推进，应不断加强对不同网络参与形式的理论认识和总结，且须立足不同参与形式的具体情境。

对于网络民主举措的潜能，相关研究大多是从公众网络参与的重要性出发，基于不同研究范围讨论公众网络参与在不同时空、民主进程和网络空间治理等方面的政治参与效能（吴韵曦，2012）。总体来看，由于对相关举措的不同期望和社会实践的不断发展，积极和消极的看法并存。当前的公众网络参与模型并未明确支持以公众为主导的网络参与这一新兴现象（Porwol et al.，2016），尤其是现有文献仍然缺乏公众对网络政民互动期望和使用经验的探索，缺乏对通过在线互动平台进行的政民沟通效果的研究（Goncalves et al.，2015），故需要不断探索研究网络政民互动作为一种新的参与形式的有效性及其对民主进程的影响。

相对而言，网络政民互动是一种影响广泛且在公众和政府间进行大规模沟通方面有巨大作用的新兴网络民主举措，迫切需要更扎实的理论建构和实证研究，深化对其行为基础、参与模式和作用机制的认识与解释。同时，网络政民互动具有较强的在线动员痕迹，相关数据可推动社会科学研究方式的转变。为此，本书将紧紧围绕网络政民互动效能，立足于网络政民互动的具体情境，探讨网络参与行为与政民互动效能的关系、政民互动过程对公共管理的影响；采用访谈资料和问卷数据展开研究，充分利用互动平台中的大数据资源及相应的数据挖掘方法进行探索，以回应社会实践与理论研究对网络政民互动功能定位和发展优化的关注。

第四节　研究思路与方法

一、研究思路

本书基于公众感知视角，通过考察网络政民互动行为和过程，深化对政民互动行为及其特征的认识；通过对网络政民互动效能内在结构给予理论层面的归纳，构建互动效能的形成机理模型；通过实证分析，揭示影响网络政民互动效能的潜在路径和作用机理，分别从公众感知满意度层面和行政改进层面对互动效能的实现模式进行了探讨，并指出互动效能的提升路径。研究分为以下五个部分。

第一，根据研究问题及研究进展对公众网络参与、电子政务、政民互动、网络参与有效性等领域的现有文献进行梳理和评述；着眼于相关研究可能对本研究主题的借鉴和启发意义，阐述相关研究现状和主要观点；提出本书的研究思路和方法，确定研究方法的理论指引和具体方法，为后续研究奠定基础。

第二，厘清本书所涉及的公众感知、网络参与、政府回应、政民互动、互动效能等核心概念的内涵和外延，对公众参与理论、新公共服务理论、公共价值管理理论和电子民主理论进行了系统梳理，重点阐释了相关理论对本研究的理论指引，为理论和应用创新找到了突破口，提出并阐释了网络政民互动效能的分析框架。

第三，立足于网络政民互动的具体实践，采用扎根理论研究方法，在调查访谈基础上，剖析网络政民互动效能的微观行为基础，即公众参与动因和网络表达，揭示网络政民互动的本质及特征；在此基础上，通过扎根理论研究构建和阐释互动效能的形成机理模型。

第四，基于调研启示和相关理论，着眼于互动效能关键因素的结构和关系，围绕泸州网络问政和成都网络理政两个实践案例，通过对主体行为及特征的“客观”数据和平台运作的实践数据分析，分别构建和验证了网络政民互动中公众感知满意度分析模型和政府行政改进模式；在此基础上，实现对研究假设的验证，并阐述相应的管理启示。

第五，基于本书的研究发现和结论，着眼于网络政民互动的关键环节和实践中面临的突出问题，指出网络政民互动效能的提升路径。

二、研究方法

科学研究是一个知识发现的过程，研究者应该通过有效的认知原则和标准，结合具体的研究方法，构建一条可以为研究者提供检验问题答案的最佳路径。这条路径反映了某种范式的选择，相互竞争的不同范式可以同时存在，尤其是并不成熟的科学学科（库恩，2003）。从基本范式来看，实证主义范式强调定量研究；建构主义范式主张定性研究；定性和定量研究不仅可以同时存在，而且越来越有融合的趋势。

事实上，很多情况下混合研究可以为研究提供重要的方法论指引。这些情况包括研究及其任务是否需要进行以下设计：一是“三角化”，即将定性结果与定量结果进行比较；二是“互补性”，即寻求详细说明，以增强和澄清一种方法的结果；三是“开发”，即用一种方法的结果来辅助另一种方法；四是“启动”，即发现悖论和矛盾；五是“扩张”，即通过在不同研究阶段使用多种方法，扩大研究的广度和深度。对于以上五种混合研究目的的决策以及由此产生的混合研究设计，根据不同阶段结果间的关系，可以采用三种类型的混合分析方法，即平行混合分析方法、并行混合分析方法和顺序混合分析方法（Onwuegbuzie et al.，2009）。根据研究问题，着眼于研究结果间的三角化、互补、开发和扩张，本书采取顺序混合分析法，即首先进行定性分析，然后进行定量分析，最后依据研究结果对网络政民互动实践的发展提出针对性建议，具体研究方法如下。

（1）文献研究法

文献研究法是以问题为导向，对与研究相关的现有文献进行收集、阅读，梳理文献的理论视角、主要观点、研究方法和研究结论等，以支撑和启发本书的研究。在整个研究过程中，本书均采用了文献研究方法，尤其是在文献综述、核心概念界定和相关理论阐释部分对现有文献进行了重点整理，并采用 EndNote X9 软件对文献进行了高效管理。

（2）扎根理论

根据研究，本书在第三章通过文献阅读和对网络政民互动平台的实地调研确定访谈思路，并通过深度访谈收集一手数据资料，以扎根理论作为具体研究程序及方法进行研究。利用质性分析软件 Nvivo11 对数据资料进行编码，通过三角检验确保研究效度，将理论充分性作为研究目标，揭示网络政民互动中公众参与的动因和行为取向，构建网络政民互动效能的形成机理模型。

（3）实证分析法

本书第四章围绕公众感知满意度分析，通过爬虫程序采集了问政泸州“回音壁”版块的全部发帖、回应和评价数据。因相关数据主要是文本数据，故通过词表示、文本表示和主题分类等方法对数据进行挖掘，过程中涉及机器学习等文本挖掘技术。在对案例资料进行数据处理后，运用 SPSS 22.0 软件对相关数据进行回归分析。

（4）案例研究法

本书第五章根据罗伯特·K. 殷（2017）阐述的案例研究设计思路，提出案例研究假设，选择成都网络理政平台作为案例研究对象，确定案例研究的具体方案；围绕网络政民互动的行政改进，收集了案例研究对象涉及的政民互动数据、访谈资料和统计分析资料；利用质性分析软件 Nvivo11 对案例资料进行编码，探讨基于网络政民互动系统的行政改进过程。

第二章

理论基础：核心概念与理论框架

理论梳理与探析是深入开展科学研究的基础，对现有相关理论的梳理，可为理论研究和应用创新提供知识基础和准确定位。为此，需要界定研究的核心概念、梳理相关理论，并重点阐释相关理论对研究的内在理论指引，进而提出分析框架以确定研究的理论边界、论证逻辑和分析模式。

第一节　核心概念

一、公众感知

感知的本源可追溯态度理论模型，一般来说，可从情感、行为和认知三个方面来理解感知的内涵；同样，公众感知也可以从这三个方面来理解。从具体指向和意义来说，“公众感知”明确了概念本身的全部情境，即感知主体为公众，既包括全部、部分公众，也包括个体；感知对象为公共事物，既包括作为公共部门的政府组织，也包括围绕公众利益的各种事务。也就是说，公众感知是涉及有关公共利益、公共事务和公共部门的公众体验和判断。具体来说，情感是一种情绪倾向，在公众参与场景中，积极的情感体验可能会导致公众对政府组织、政府绩效、社会发展产生积极看法；而消极的体验不仅可能对公众参与产生负强化，还会导致社会治理难题或政府信任危机（沙勇忠等，2015）。行为是行动的意向、动机和表现的结合，既是公众感知的前因也是结果，公众对公共事物的看法是在行为过程中形成的。认知是公众的一种认识和信念，一般情况下，认知既受个体过往体验的影响，也受个体直接或间接接触的信息影响。在本书中，参与是影响公众感知的重要场景和过程，而情感、行为和认知则是公众感知的构成要素（瞿忠琼等，2016）。

从个体层面来看，公众感知与公众个体的特质密切相关，这些特质受到个体的经济情况、社会地位和受教育状况等因素影响，并从三个方面影响公众感知：一是影响公众的个性及价值观，并最终反映在公众对事物的主观评价上；二是影响公众的生活体验场景，而场景影响公众对相关信息的获取；三是内在地形成公众的需求和期望，进而影响公众的感知和评价。在此基础上，公众在评价政府公共服务绩效时，不仅会对公共服务是否满足自身需求进行考量，还会考虑政府组织投入的资源或努力是否符合其期望。也就是说，对网络政民互动中公众感知的理解具体应包括以下两个层面：一是公众从自身利益和价值实现的角度出发，产生感知效用和满意程度；二是从自身取向和理念契合角度出发，对政府组织行政改进和服务绩效产生的意见和看法。

从绩效评估层面来看，对政府组织公共服务绩效表现的评估方式主要包括两种：一是利用公共服务供给的数量、质量、覆盖范围等客观数据资料评估服务绩效；二是利用公众感知的主观评价来衡量服务绩效，这种感知是公众与政府组织沟通或从政府组织解决和处理公共事务过程中体验到的服务绩效水平，可以看作公众对政府公共服务水平的总体评价（瞿忠琼等，2016）。在以公众为中心的服务理念和模式下，公众感知的服务绩效是绩效评估的重要方面，可以将公众感知作为绩效评估的解决方案和战略工具。

公众感知除了作为评估工具外，还是一种影响政府服务绩效的手段，因为公众感知不仅是一个结果，也是一个过程。在参与过程中，公众不仅在心理层面对政府绩效进行评价，还将这种评价通过语言或文本的形式表达出来，甚至通过网络在更广阔的空间进行传播。这种表达和传播不仅可以成为一种公共舆论，还可以成为民意基础，能够在政府公共服务绩效实现过程中发挥监督作用；不仅可防范服务出现质量问题，还可以为政府组织提供动力，以提升公共服务绩效水平。在此意义上，公众不仅仅是服务的消费者，也是绩效的共同生产者。

在网络政民互动实践中，公众的主观意愿是其参与的基础，公众的满意程度是基于其实际体验对政府组织及政民互动过程的主观看法。因此，本书以公众感知为认识网络政民互动效能的视角，不仅是基于理论认识的选择，还是着眼于具体情境和问题，基于实践观察的选择。

二、网络参与

国家必须提供一个方便公众交流的公共领域，以便于监督权力。网络参与与这个“公共领域”密切相关，传统上，公共领域主要由媒体构成；而现在，基于互联网的公共领域是一个焦点，互联网可以为每个人提供摆脱时间和空间限制的交流空间，从而促进沟通和交流。互联网提供和形塑的公共领域是网络参与与传统参与渠道最大的区别，可以从更广泛的意义上理解基于互联网的政治参与，包括正式的制度化机制和非正式的公众参与。

从组织模式来看，网络参与活动已成为现有政治机制的组成部分，在政府组织政策制定阶段，公众参与公共事务正在从相对被动的参与延伸到各种形式的积极参与（Van Dijk，2012）。除了政府组织主导的网络参与外，公众也广泛使用面向网络参与的应用。相对而言，政府网络参与活动主要被嵌入和约束在既有的组织结构和机制框架下，而公众对网络信息技术的应用往往更加多样化；前者是自上而下的方法，后者是自下而上的实践，并共同在公共领域中发挥着重要作用。

从具体形式来看，自上而下的网络参与方法主要包括电子咨询或参与式电子预算等，通常由政府机构在某些公共服务领域发起、组织、支持或资助，这些项目的执行有助于提高该领域的透明度。大部分基于网络的政府组织活动都提供公共服务，公众网络参与则主要在“电子政务”框架下进行。自下而上的网络参与活动主要关注利益表达、政策制定过程中的意见。相对来说，这类活动往往较少得到关注并获得资源，只在公共管理的某个阶段发挥作用，如电子请愿往往发生于问题定义和议程设置阶段，在线协商则通常在政策议程制定后启动。

从概念内涵来看，网络参与不同于电子政务，后者是自上而下的制度形式，主要解决以政府组织为中心的问题、治理过程中稳定性和秩序有关的问题以及政府组织的控制问题（Lollar，2006）。在我国，网络参与是一种混合概念，既指公众通过互联网旨在影响政府决策的自发活动，也指政府机构或政府机构建立的一系列在线和离线体制结构（Ming，2012）。网络政民互动中的公众网络参与是指公众利用网络信息技术，使其与政府组织能够彼此联系、彼此影响的行为与过程，既涉及自下而上影响政府决策的活动，也包括通过自上而下的机制解决现实问题的活动。

此外，需要指出的是，在涉及网络参与主体时，往往存在“公民”和“公众”两种不同概念。一般来说，公民强调自然人个体的身份、资格、权利等；而公众是指作为群体的一般民众，强调具有一定数量的个人或群体。综上所述，本书所指的网络参与是公众（公民）通过自上而下或自下而上的网络渠道，表达意见和看法的行为及其对政治和行政系统施加影响的过程。

三、政府回应

对政府回应主要涉及两个方面：一是认为政府回应旨在解决公众关切的个人问题和公共问题，以应对公众的抱怨（Besley et al，2001）；二是将政府回应与问责制联系起来，关注其对政府组织行为的影响（Vigoda，2000），并通过行政过程的结果来衡量政府回应的成效。就其行为表现来看，Esaiasson 等（2017）将政府回应区分为：倾听，即为了解公众情绪而采取的行动；解释，即为了提供可靠的政策依据而采取的行动；适应，即为了调整政策方向而采取的行动。其中，“倾听”和“解释”行为往往比遵循多数意见的“适应”行为更有效。因为，公众只有在确信政府组织重视其意愿和观点时，在行为上才会得到鼓励，而网络平台上展现的回应行为主要是公众的。从此意义上来说，本书对政府回应的理解更多倾向于政府组织为回应公众诉求而展开的“倾听”和“解释”行动及过程。

作为网络民主举措，政府回应通过关注公众的意愿和诉求并做出必要反应，展现了政府组织对公众需求和期望的满足能力（Welch et al.，2005），实现政策输出层面公众期望与政府组织服务成效的短期匹配（Kang et al.，2010）。因此，回应对于政府来说至关重要，它被人们所接受的结果所着色（Taber et al.，2006）。当政府组织使公众相信其意愿和观点被充分考虑时，公众就更容易接受相对不利的政策决定，并建立起公众对政府的“缓冲”支持，以帮助政府组织面对当下或未来更加困难的治理挑战（Linde，et al.，2018）。

对政府回应的理解还可能来自具体的社会实践。Armingeon 等指出，当政府组织的行政行为和政策能够反映公众的诉求和偏好时，更容易得到公众的积极评价，公众更有可能表达对政治体系的支持（Arminge et al.，2014）。也就是说，来自公众的激励是政府回应的一种解释。但是，这取决于政府组织对回应的看法，如果政府组织仅仅把网络回应当作一种外部压力和额外工作，那么它们将很难有效面对这种挑战（Polat，2005）。Chen 等通过地方政府实践的在线实验发现，国内地方政府能够对公众诉求进行积极回应，尤其是当这些诉求可能暗示采取集体行动或是更高级别的政府信息披露时（Chen et al.，2016），表明自下而上的社会压力或者自上而下的监督带来的问责可能是目前政府网络回应的动力所在。因此，在网络情境中，政府回应应当被置于行政问责的框架下理解。结合上述两种理解，本书所谓的政府回应是指政府组织面对社会公众压力或行政体制安排，为回应公众的诉求所做出的倾听、解释或适应行为及过程。在不同语境中，政府回应有可能特指倾听、解释或适应行为中的某一种行为。

四、政民互动

政民互动的核心是互动，其基本内涵是主体或事物发生彼此关联、相互作用。在物理学、心理学、社会学和管理学等不同学科领域，对互动有不同角度的认识。公共管理视野下的政务互动，既包含社会学意义上政府与公众间的相互作用，也包含管理学意义上政府与公众围绕彼此关心的话题以沟通为核心方式的信息传递和交流过程。此外，互动还隐含通过相互作用达成的某种结果，在政民互动中，这种结果可以理解为有利于政府和公众的一种积极状态。由此可见，政民互动包含政府、公众、互动三个要素。现有研究中，有学者将政民互动定义为政府与公众彼此发生作用的过程（汪卉，2015）；有学者分析了网络互动的内涵，把网络互动看作促进政府与公众交流沟通的重要手段（王晶晶，2011）；还有学者将政民互动定义为行政部门与公众之间通过语言或互联网等媒介传播政务相关信息的交互过程（杨晓鸣，2013）。

本书将网络政民互动的内涵概括为公众与政府组织通过网络渠道或手段，利用语言、行为等交互形式彼此作用、相互依赖的过程。一般来说，可将其外在表现过程描述为公众以发帖或留言方式通过语言文本向政府部门表达诉求或需求；政府部门通过线下努力或线上文本对公众的诉求或需求进行回复和反馈；公众得到政府回复和反馈后对政府进行评价。从互动的前提来看，网络政民互动需要诉求表达和诉求回应的渠道——网络信息平台，既要有硬件平台，也要有软件平台；这种平台既可能是政府自上而下的政务举措，也可能是公众或社会组织建立的自下而上的反馈渠道。从互动基础来看，网络信息平台仅仅是一种客观条件，无论是公众诉求表达还是政府话题回应，都依赖于主体的主观意愿，即公众参与意愿和政府理政观念。从互动形式来看，网络政民互动中的政府和公众都通过语言文本来进行诉求和意思表达，尽管不排除政府和公众也通过其他方式进行沟通，但主要还是通过文字进行。从互动结果来看，网络政民互动可能会对互动的各个环节产生影响，如互动有利于平台的优化、参与主体表达能力的提升和意愿的强化等。

从网络政民互动的实践形式来看，政务微信的完善尚需时日，政务微博又侧重于信息传播。相对于尚处在探索阶段或局限于具体目的的政民互动形式，政府留言板、网络问政、网络理政等网络政民互动形式影响广泛，在促进公众和政府间大规模沟通方面有更大的发展潜力。为此，本书主要着眼于由政府主导制度化的在线互动平台。从实施层次来看，人们普遍认为，与中央政府相比，地方政府更容易实现（Gelders et al.，2010）。在既有组织体系下，地方政治机构可以被视为“一个比国家民主政体更为重要和自然的民主形式”（贾奇等，2009）。因此，本书的研究对象是由地方政府主导的，以政府留言板、网络问政、网络理政等为代表的网络政民互动。

五、互动效能

效能与绩效是一对常常可以互换使用的概念。从维度或结构来看，绩效的内涵非常丰富，是一个多维构念；一般认为绩效包括“3E”，即经济性（economy）、效率性（efficien）和效果性（effectiveness），还有人认为绩效包括公平性（equity）。效能最初来自物理学，在管理学中，效能是一个更为本土化的概念；一般来说，效能是指达到目的的程度，是评价工作结果的参照，而工作的效率、效果和效益是衡量效能的主要依据。从关注焦点或侧重点来看，绩效关注结果，是结果导向概念；而效能既关注结果，也重视过程，是过程与结果的统一。在具体研究中，可以从二者内涵的共性和所处语境加以区分和使用（吴建南等，2011）。

从公共行政的发展脉络来看，官僚制是在职能专业化基础上，依靠行政权力的等级关系结构来实现行政体系的“效率”目标。然而，效率导向的行政管理在实践中越来越无法有效应对社会发展带来的挑战，并实现效率目标。为此，企业家政府理论提出应当用企业管理的理念和方式来改造行政管理的目标和模式，以实现组织效率和效益。新公共服务理论则强调政府的职能是服务，政府的公共服务应以公众为中心，政府效能的标准应是政府为公众所提供公共服务的质量和效果，且应从公众的视角对政府效能进行衡量。在我国，亦有“效能型政府”和“行政效能”的相关研究。效能型政府是指可对政府部门管理要素进行有效整合，提高工作效能，提供优质公共服务，最大限度地满足公众需要的政府；行政效能则指政府行政机关和工作人员，为达成组织目标，通过有效利用组织资源和提高管理水平，使组织绩效得以全面体现。

网络政民互动是公众通过相应途径或手段向政府反映自身诉求或社会需求，政府通过一定的行政努力对公众诉求或社会需求进行回应和反馈的过程。在此过程中，公众与政府组织间的互动对公众个体、政府组织和社会系统产生一系列重要且深远的影响。这种基于网络的互动能够产生效能，立足于公众网络参与作用的发挥和网络民主举措潜力的实现，因此公众网络参与公共治理的核心是效能的实现和提升。

基于效能的内涵和网络政民互动的具体情境，本书将网络政民互动效能界定为公众与政府组织在线互动过程中，为实现主体的互动目的，围绕互动过程本身、互动的效率与结果产生的综合效益。对互动效能内涵的理解可以从两个方面展开。①互动效能是在公众与政府组织互动的过程中产生的，公众个体的参与行为是互动效能的基础；政府组织的行政行为是互动效能的必要条件，对互动效能的考察应当充分观照公众参与的具体情境。②作为一种综合效益，互动效能既要关注短期的互动过程与结果，即政府回应和公众感知满意度，也要关注较长时期的互动过程与结果，即是否从制度层面推动了行政能力和服务绩效的提升。

从公众层面来看，感知满意是公众网络参与的目标追求，当公众感到满意时，其便有可能积极而持续地利用互动渠道实现网络参与（Zheng et al.，2017）。因此，公众满意既是互动效能的一种表现，又是持续推动互动效能实现的重要议题。从政府层面来看，从政民互动效能视角出发，政府组织通过行政努力达成“行政改进”，涉及两个方面：一是行政改进的手段，包括即时的政府回应、现实的行政作为、较长时期的制度安排；二是行政改进的结果，即服务绩效提升与公众感知满意。本书从公众感知视角来理解和衡量网络政民互动效能。

第二节　相关理论

一、公众参与理论

公众参与是民主的基石，是组织、社区和国家网络决策过程中吸纳参与者的一种举措；同时也是一个总括性术语，指人们的关注、需求、兴趣以及价值观被纳入公共事务及问题解决的有关决策和行动（Nabatchi et al.，2015）。从公共管理视角来看，公众参与是公共管理者克服决策中缺乏公众视角缺陷的途径。公众参与通过为公众和其他利益相关者创造机会，在适当时间和环境中表达看法并影响决策过程，从而填补公共管理者的知识空白（Berman，2016）。从这个角度来看，公众参与是作为非决策者的公众参与日常决策规划的过程。

总体来看，理论界对公众参与尚有争议，分歧主要来源于对公众不同角色的认识：一是认为公众身份是一个法律概念，它赋予人们政治地位或角色；二是认为公众身份不仅是一个法律概念，还是实质性道德和社会学陈述。概念的核心是相信政府会以道德目的作为准则，而公众的首要责任是理解道德或价值观是什么、为什么信奉这些价值观以及行动的意义。公众身份比法律定义更广泛，它不仅延伸至正式的行政安排，还包括志愿组织和社区参与等（Roberts，2004）。

有关公众参与的研究尝试用各种方式来描述不断变化的公众定义及其角色定位，包括公众、受众和其他利益相关者等。本质上，在良好的公众参与过程中，任何人都可以决定其是否是利益相关者，也就是说，在有效的公众参与中公众的身份和角色是自定义的，而不是组织或政府强加的。当公众认为其在决策过程中占有重要地位时，就有可能参与其中。公众在做利益考量时，可能是基于经济学、价值观或哲学相关支持，除非公众认为自身的利益或价值受到影响，否则不会参与。

从公众参与的形式及其演变来看，除了选举之外，公众参与实践于20世纪60年代开始，主要通过公开听证形式，包括公众立法、共同预算、民意调查、社区管理等。从公众参与政策制定的关系来看，公众参与包括直接参与和间接参与。直接参与是公众亲自参与并提供意见，以推动决策和问题解决；而间接参与是公众通过投票表达其决策偏好。直接参与可以在不同的环境中进行，传统的公众直接参与主要是基于维护公共秩序、问责制和政府行政透明度，旨在为公众提供监督政府权力运行的机制。这种参与普通存在于公共机构，往往是法律所规定的，并依赖于程序，如公开通知、预设议程等。虽然传统的参与过程旨在维护公共价值，但是要实现这些价值追求却是困难的（Nabatchi et al.，2015）。其困境往往来自两个方面：一方面是规模问题，即现代国家行政庞大而复杂，大规模参与会受时空、成本等因素的限制；另一方面是群体被排斥的问题，即一些弱势群体可能被排斥在参与系统之外（Roberts，2004）。

大规模的公众参与一般通过协商的方式进行，是公众直接参与最有意义和最具影响力的方式，但其过程最复杂、成本最高。协商明确对方的意图，围绕信息、观点、经验和想法进行讨论，并基于事实、数据等做出判断或决定。

在互联网出现之前，签署请愿书和填写调查表是最常见的激发公众参与的方式。随着网络信息技术的迅猛发展，现在公众可以通过网络途径，签署在线请愿书或网络调查；个人可以通过网络参与方式，与其他人链接，实施某种群体行为。基于网络的公民参与只需要公众具备一定的参与经验，而不需要公众付出过多的时间、精力和情感。这在客观上激发了公众的参与热情，在这种情境下，传统公众参与面临的困境可以以一种全新的方式解决。

二、新公共服务理论

1. 理论脉络

新公共服务理论是在人们审视行政管理理论和反思“效率”与“价值”观念的基础上提出来的。传统公共行政理论在官僚制背景下，强调以规则为取向，以理性为追求。新公共行政理论则倡导兼备公平与效率（丁煌，1998）。新公共管理理论强调“管理至上”，将分权、放松规制和委托作为改变僵化的公共管理机制的重要方法。在旧公共管理中，法律体现了源于政治的公共利益，治理的目标是保护个人权利，国家是作为公共产品、信息和服务的提供者出现的。与此不同的是，新公共管理理论认为公共利益是公众追求私人利益所致，国家的角色是个人利用市场技术做出选择的促进者，政府、公众、志愿组织之间的关系以交易和交换为导向（Kipenis et al.，2016）。事实上，无论是旧公共管理还是新公共管理，其本质都根植于理性公共选择理论，依赖于理性、工具性个体概念，且个体与公共领域的关系是基于主体的自身利益实现的。

21 世纪初期，在批判新公共管理理论“管理至上”的基础上，新公共服务理论认为需要对参与、治理等民主价值进行重新定位（李德国，2013），并提出政府职能应该聚焦公共服务的核心理念。新公共服务理论为建设服务型政府提供了有力的理论依据，是一个全新同时具备描述性和规范性的治理框架。新公共服务理论始于参与公共领域的民主动机，将对话的结果视为公共利益，将人们视为公众（而不是客户或客户），强调对公众权利的认可，使公众能够参与公共事务决策。在目标追求方面，政府不再单纯以效率为目的，而以维护和追求公共利益为目标，并将公共管理者的角色定位为服务者以促进公众参与和合作，而不仅仅是为客户实施预先设定的计划。如果将行政机制视为通过代理机构制定权威的管理计划以及创建激励机制，那么新公共服务部门应将实现政策目标的主要机制视为建立联盟及促进私营、公共和非营利实体之间的合作（Brainard et al.，2010）。新公共服务将组织视为具有内部和外部领导力的、协作的非正式结构。新公共服务理论认为政府应改变单一的服务提供方式，公众应参与服务的供给过程；通过增加政府组织和公众之间的"黏性"，双方可以构建合作、信任与分担机制，以达成利益共享、责任共担。

2. 主要观点

新公共服务理论基于公共利益概念，设想建立以公众为中心的民主治理体系，核心在于将政府人员定位于从事公共服务工作（宋敏，2011），其主要观点包含以下七个方面。①

（1）政府的职能是服务而不是"掌舵"。对于公务人员来说，其核心任务是努力帮助公众，以保护公众表达其诉求的权利，满足其共同的利益需求，而不是试图去掌控社会的发展方向。

（2）公共利益是政府施政的目标，而非施政的副产品。新公共服务理论肯定和强调公共利益的重要性，将实现与维护公共利益作为政府的目标；公职人员的主要职责是积极引导公众责任观的构建，确立公共利益概念，凝聚社会共识，从而实现公共利益的最大化。

（3）政府的指导思想应具有战略性，施政行为应具有民主性。要采取合适的激励措施，以鼓励公众参与公共服务决策、生产与供给，将实现政策目标作为公众自身的事情。

（4）政府为公众服务，不同于企业为顾客服务。在新公共服务中，公共利益是基于共同利益多方协商的结果，而不是个人利益的简单聚集。政府不应该只关注"顾客"的需求，而应该关注公众及团队的共同需求，并注重与公众及团体建立信任合作关系。

（5）责任是复杂的。新公共服务理论认为民主权利、公共利益即"责

① 珍妮特·V. 登哈特，罗伯特·B. 登哈特. 新公共服务：服务，而不是掌舵［M］. 丁煌，译. 北京：中国人民大学出版社，2004：7-10.

任”。政府权威与合法性来源于公众，维护公众权利具有重要意义，公共行为的出发点是公众；同时，强调公众对公共利益的责任。

（6）不能只重视生产效率，应更重视人。新公共服务理论认为不应该只关注公共组织的效率，而应该重视组织与外部环境间的信任与尊重，重视归属感与共同的理想价值。

（7）公众权利和公共服务比企业家精神更重要。新公共服务理论认为，为社会做出贡献的公职人员与普通公民，比具有企业家精神的管理者更能促进公共利益。

新公共服务理论认为政府组织的核心目标是提供公共服务以实现公共价值。为此，需要系统思考行政体系面临的环境、成本、制度、主体等诸多因素，并对公共服务的价值理念、实践模式等进行系统规划和设计。

三、公共价值管理理论

随着社会系统日益复杂化，不同主体利益与价值追求的多元化和非均衡性持续发展，政府公共服务提供和公共政策制定面临更大的挑战。在此背景下，公共价值管理理论越来越受到公共管理学者的重视。

1. 公共价值的内涵

马克·穆尔（2016）认为，可与私营部门相比较来理解公共价值，正如创造私人价值是私营部门经理的核心活动一样，创造公共价值是公共管理者的核心活动。Kelly 等（2002）认为，公共价值是政府通过服务、法律规制和其他行动创造的价值。Bozeman（2007）认为，公共价值与个人的核心议题有关，一方面涉及公众享有的权利、义务和利益，另一方面涉及公众及其指定代表人的预期义务。Stoker（2006）认为，公共价值是公共服务的用户或生产者偏好的总和，对公共价值的判断必须通过政府官员和主要利益相关者共同协商而确立。由此可见，公共价值基本上被描述为一种多维度结构，是公众集体表达政治性偏好的反映，不仅通过“结果”，而且可能产生信任或公平的过程创建（O’Flynn，2007）。

2. 公共价值管理

公共价值是时代发展的产物，是为创造具体环境下的公共价值，将政治、实质和管理三者统一起来，以利于公共部门管理者在某种公共价值理论基础上采取行动的有效方法。为此，需要做到以下三点：①做有价值和有效的实质性判断；②正确地判断各种政治期望；③对可行性有清醒的认识。对此，可通过战略三角形进行确认，即确定目标价值；将管理指向上方，将目标和合法性及获得的支持结合起来；将管理指向下方，提高组织的能力以达成既定的目标（穆尔，2016）。

“政府失败”分析是公共价值管理的一种有效策略，Bozeman（2002）提出可以通过“市场失灵”和“政府失败”分析找到公共价值管理的方法。当市场和公共部门都没有提供实现核心公共价值的产品或服务时，就会发生“政府失败”，其基本假设是市场失灵，但实际上并没有告诉我们政府是否应该“干预”。在某种程度上，政府失败模型引出的问题是何为核心公共价值，政府失败模型不是决策工具，而是促进对公共价值（及其与经济价值关系）协商的框架。作为诊断工具，政府失败模型不需要比市场失效模型具备更大的特异性，而需要对市场失灵理论进行补充，进而强调公共价值的必要性。

公共价值管理是与网络化治理最相适应的管理模式，Stoker（2006）指出，公共价值范式将信念置于与网络治理相关的对话和交换系统中，通过该系统的建构、修正和适应，使民主和管理得到协调和实现。公共价值管理的两难困境源于管理者对管理民主的期望，而合法的民主往往过于苛刻和不可预测，且不受管理原则的约束。因此，系统中所有合作伙伴的警惕和审视对于确保利益相关者的民主和管理承诺最终得以实现至关重要。此外，公共价值取决于利益相关者的偏好，只有利益相关者而不是政府，才能确定对其真正有价值的东西（Chatfield et al.，2007）。有关公共服务及其过程中公众的定位问题，Kelly 等（2002）提出政府应当通过提供公共服务、法律和政府活动为公众创造价值，公众是公共价值的核心，公共价值的衡量标准是政府行为对公众利益的实现程度，可以通过提高公共服务的质量来提升公共价值。

3. 公共价值管理与相关理论

为认识和发展公共价值管理理论，将其与相关理论进行比较研究是必要的，这有助于确定该理论的核心与边界。Bryson 等（2014）认为，公共行政理论对民主进程的贡献是不同的，在传统公共行政和新公共管理理论视野下，管理者并非直接参与民主进程，而是通过选举和立法审议的方式参与其中。相比之下，公共价值管理理论框架下政府直接参与对话，积极催化并响应公众诉求，以追求公共价值和对公众有益的事。Stoker（2006）认为，在传统公共行政和新公共管理理论视野下，民主与管理之间的权衡往往面临着困境，而公共价值范式基于更广泛的网络治理，认为合法民主和有效管理是齐头并进的，必须让更多利益相关者参与决策，并在一定程度上掌控决策和实施。O'Flynn（2007）比较了新公共管理与公共价值范式，认为新公共管理范式中的公共管理者围绕绩效目标制定相应规划；而在公共价值范式中，公共管理者除了要实现绩效目标外，还要广泛关注公众的集体偏好以及在寻求公共价值过程中对信任的创造和维护等。

4. 公共价值视角下的电子政务

网络信息技术的迅速发展极大地促进了全球范围政务模式的变革，促使以政府为中心的公共服务提供转变为以公众为中心的基于网络的公共政务服务（Al-Sobhi et al.，2010）。世界各国政府不断利用电子政务改变其公共服务提供方式，促进公众与政府之间的互动，便利公众与政府之间的双向沟通，以提高公共组织效率。这种模式通过便捷的公共服务、更广泛的服务范围、消除距离以及节省时间和金钱，为公众创造了真正的价值（Badri et al.，2008）。事实上，电子政务通常被视为为公众创造公共价值的有效手段。在以不同视角评估电子政务的公共价值方面，有一些重要尝试，如 Kearns（2004）提出了一个评估电子政务公共价值的概念框架，包括电子服务和信息的可用性、电子政务服务的采用、选择的可用性、公众对电子政务服务的满意度、电子服务对公众的重要程度、电子服务的公平性等指标；Golubeva（2007）提出，通过关注可用性、透明度、互动性、电子服务的公众中心性和电子服务发展水平等来审查门户网站的公共价值，这些方法都强调将公众的评价和感知作为衡量电子政务及服务实践的重要尺度。

电子政务自引入公共管理中以来，已经历了几个阶段，并且各个阶段的驱动因素各不相同，分别为技术、用户和成本等。技术驱动的电子政务侧重于以网络信息技术的识别和使用高效地为公众提供服务；以用户为中心的电子政务更加关注公众的需求和期望；成本驱动的电子政务则致力于提高公共服务运营的效率（Karunasena et al.，2010）。公共价值概念正日益成为现代电子政务的创新驱动力（Bonina et al.，2008），公共行政旨在为公众创造价值，网络信息技术成为政府提高公共价值的一种手段（Castelnovo et al.，2007）。也就是说，通过电子政务创造公共价值可以表述为政府利用网络信息技术提高服务能力，便于公众表达偏好，实现公众需求，并最终创造公共价值。

综上所述，网络信息技术是获取公共服务、节省时间和资源，促进公众与政府互动，并创造公共价值的有效手段（Karunasena et al.，2010），相关研究已证实感知公共价值在解释公众网络行为和意图方面的重要性（Al-Hujran et al.，2015）。可将网络政民互动系统理解为有效结合公共价值理念与公共管理实践的创新工具，通过网络政民互动系统，可有效提供并验证公共服务过程中的公共价值（Chatfield et al.，2007）。在此视角下，数据的透明度、公众参与及政民合作程度并不重要，只有在创造公共价值时这些理念和追求才有价值（Luna-Reyes et al.，2012）。通过对网络政民互动过程中公共价值的观照可改进政府组织公共服务绩效，其逻辑在于公共管理者可以通过对价值的“识别—回应”，增进公众对政府组织的信任（王学军等，2017），并改善行政绩效，进而提升公共服务的品质。

四、电子民主理论

自20世纪60年代以来，技术乌托邦一直是学术和政治讨论的热门话题（Tambini et al.，2002）。有关民主举措，无论是从战略视角还是从技术视角来看，支持者和怀疑者都在思考互联网对公共行政的现实影响，其焦点在于通过所谓的“电子民主”进步来推动政治与行政进程，并为旧有的问题提供全新的解决方案。总体而言，无论是从理论层面还是经验层面来看，电子民主都是一个涉及政治民主、治理、公共领域、政府、媒体和传播研究及计算机科学等领域的复杂现象（Lindner et al.，2016）。

1. 理论发展脉络

利用信息技术推动民主进程的想法，一方面源自网络信息技术的发展，另一方面来自社会和公众对民主问题的看法。其共经历了三个阶段。

第一阶段为20世纪50—70年代，这一时期计算机被认为是新的介体，可处理大量信息并得出合理结论，克服了西蒙所指出的决策者有限理性。然而，反对者拒绝将政治过度简化为一个实用的、科学的、以可预测的方式对环境做出反应并实现目标的系统，将其称为“技术统治”。

第二个发展阶段为20世纪70—80年代，伴随有线电视网络的出现和渗透，引发了新的政治关切和愿景，导致新社会运动及新的政治概念产生。根据这种愿景，社会将更好地通过自下而上的行动转变而不是通过国家机构、地方社区成为关键的政治舞台。然而，电子民主的第二阶段受制于技术限制以及媒体的日益商业化，未能实现公共空间扩大的目标。

第三个阶段始于20世纪90年代，伴随互联网这一全新的通信媒介出现，形成了一种信息自由意识形态。在这个鼓励公众政治参与的新时代，互联网不仅是一种“额外”的工具，它还为民主问题提供了全新的解决方案，创造了新的共存方式和新的政体；它不再发生在民族国家的有界疆域内，而是存在于一个开放的、非地域化的、非等级化的空间中（Vedel，2006）。

2. 理论认识维度

近年来，关于电子民主的文献探讨了这一概念如何与经典的民主模式相关联，根据电子民主的目标和价值观，大多数文献都涉及运用网络信息技术的政治形式。其中，电子政务是一种被广泛接受和实践的形式，电子民主讨论的场景与内涵往往与电子政务相联系。电子政务是利用网络信息技术，为公众参与公共事务治理提供所需信息和服务的过程。就两者的差别而言，电子政务涉及在线公共行政任务，而电子民主更多地涉及公众对网络的政治使用。换句话说，电子政务指自上而下的做法，而电子民主指自下而上的活动；前者强调政府行为，后者强调公众网络参与政治行动（Breindl et al.，2008），二者紧密相关。现有研究结果支持得益于网络信息技术，电子政务举措利于民主繁荣的观点（Emad Abu-Shanab，2015）。在考虑电子民主时，平民主义的倡导者与协商制度的支持者之间的紧张关系会重新出现，前者认为互联网的出现是政治体制转变为直接民主的主要条件，公众有权决定什么对其最有利；而后者认为不能废除代表性，但必须在由技术支持的讨论和决策过程中鼓励公众参与。可见，电子民主涉及对在自由开放空间中的交流与合作多样性的深化和概括，是一种改善社会政治形态的工具，公众应该从以新技术参与政治的角度来思考。

总体而言，电子民主是一个总括性术语，涵盖了众多通过电子手段实施的民主举措，从而提高了民众参与的效率、公平和质量（Garson et al.，2007）。大多数电子民主应用包括通过网络信息技术面向公众的信息提供、咨询和政治参与机制，涉及政府和公众分享信息和意见的活动。然而，相对而言，这些目的过于技术化，电子民主还必须从过程和制度创新的可能性角度来考虑（Grönlund，2002），即应该从使用网络信息技术促进、改善和扩展民主运作的角度来理解电子民主（Caldow，2004）。从这个角度来看，电子民主有两个不同的内涵：一个是与网络信息技术的设计和开发相关，用以改善民主进程；另一个则指电子民主利用网络信息技术而具有更大活力和合法性的民主新阶段（Shane，2004）。

从政治功能、政治价值、网络民主、沟通方式等方面，Siedschlag（2007）将基于网络信息技术的民主模式归纳为电子政务、电子治理、电子民主、网络民主和数据民主，如表 2-1 所示。总体来看，电子民主的内涵无论是从理论研究还是实践发展来看，都可以从三个维度来理解：一是信息，即公众即时访问与政治相关的信息，在信息技术背景下，这种信息的获取包含了政治透明的概念。二是讨论，互联网通常被视为一种新媒介，不仅可以跨地域、社会和文化界限进行交流，还可以给公众提供访问和接触各种意见的机会。媒体的自组织性质可以为公众创造一个自我监管的公共空间，公共论坛或讨论会让公众产生更强的社区意识，并凝聚集体身份。三是在线决策和参与，包括在线咨询和焦点小组、民意调查以及公民投票等，可以促进多元主体的积极参与。

表 2-1 基于网络信息技术的主要民主模式①

指标	电子政务	电子治理	电子民主	网络民主	数字民主
政治功能	提高公共行政效率	在虚拟社区中解决问题	提高在线咨询响应能力	重组基层民主政治制度	旨在弥补现有不足
民主	实现国家/消费者民主	网络国家/网络民主	精英民主	基层民主	新共和主义民主
网络公众	无相关性	分割成问题约束的论坛	精英提供的参与渠道	新型、非权力的公众	独立、自组织的受众
沟通方式	G2C	G2C、C2G	G2C、C2G	G2C、C2G	G2C、C2G、C2C
必要服务	各种在线服务	建设 IT 基础设施、行政改革	实施在线讨论和选举	无（在线活动者自我组织）	促进论坛和媒体水平提高
公民活动	在线纳税申报	在线社区讨论	在线咨询、选举	网络行动主义、参与虚拟社区	政治信息在线协商

① SIEDSCHLAG A. Digital democracy and its application to the international arena-from "deliberation" to "decision"[M]//The resurgence of the state: Trends and processes in cyberspace governance. Burlington: Ashgate Publishing, 2007: 35-58.

续表

指标	电子政务	电子治理	电子民主	网络民主	数字民主
目标	行政负担降低、行政效率提高	问题解决、更多参与	改善政治制度合法性的基础	自治虚拟基层社区	加强政治协商、增加参与
负面后果	忽视现有潜力、公民参与不足	忽视现有潜力	电子民粹主义、互联网分散成局部公众	民主体制的侵蚀、抗议态度和行动主义	过度饱和（接收和处理信息的能力有限）

3. 电子民主的潜力与风险

电子民主可以成为社会发展的积极力量，公众可以更加明智、清晰和积极地参与公共事务，而政府可以与公众进行有效沟通（As-Saber et al.，2007）。电子民主允许改变政府和公众的行为，改变政府向公众提供信息和服务的方式，以影响决策执行过程以及公共行政的质量、可及性、责任和透明度等。一般来说，电子民主有四个方面的价值：①有利于公众和社区对地方和公共事务拥有更多的权力和责任，便于其表达意见和做出政治选择；②便于地方政府通过网络渠道听取公众的意见；③有利于公众学会互相倾听、对话和讨论并相互容忍；④有利于公众和社区更有效地参与地方和国家事务（Wright，2006）。

但是，单纯的网络信息技术使用并不涉及民主问题，只是实现民主的手段或工具，其对民主进程带来的是危险还是机会主要取决于由国家宪法决定的制度框架和民主模式（Spirakis et al.，2009）。民主本身也不完整或完美，它是一个为公众和政府带来新挑战的持续过程。一方面，其关系公众参与政治的积极性（Gunter，2006）；另一方面，电子民主的主要目标是使民主变得更加开放和有效满足公众需求，这依赖于网络信息技术，并取决于公众获取网络信息技术能力的可能性。

并不是所有有关网络互动的讨论，都必然支持数字民主理念和实践。通过互联网展开对话往往会让个体间观点趋同，因此未能满足意见多元化协商的必要前提（Birdwell，2009）。Branstetter 研究发现，网络可能对那些没有财富或社会资源的人有偏见，虽然它并不排除任何人的任何诉求，但其制度安排及相对于其他媒体的定位可能会阻碍理性质疑过程。网络可能会增加公众评论政治的能力，这本身不一定是一件好事，因为它可能妨碍理性对话；虽然网络并不阻碍理性对话，但其隐含的制度性障碍妨碍理想的言论条件（Branstetter，2011）。另外，网络民主倡议凸显了现有民主的弱点：在知道政府当局参与其中时，公众缺乏机会和知识去比较其与政府组织持有不同观点的原因。因此，网络民主倡议缺乏民主协商时价值有限（Moss et al.，2014）。

通过上述探讨，可知网络参与存在的障碍与传统参与方式类似，包括社会复杂性（资源、参与范围不同以及物理或地理障碍等）、政治文化（对政府缺乏信任）、组织结构（网络参与缺乏融入政府结构和政策过程的组织机制）和相关技术（包括认为只需要技术就可以解决问题的误导）（Lee et al.，2011）。从网络层面来看，这是由网络中存在的不平等和不平衡决定的。Lindner 等（2011）研究发现，通过提供网络渠道来吸引人们参与政治的愿望并不能实现，反而会因为主要吸引社会经济地位高的人参与政治活动，放大现有参与模式的不平等。也就是说，它不帮助克服源于社会人口特征的政治参与分歧（包括“数字鸿沟”），通过网络倡议提高弱势群体的政治参与度尚未成为现实（Lindner et al.，2009）。

因此，网络举措具有较强的改善民主的潜能，但必须基于正确利用和文化理性的讨论和鼓励。在政府层面，调查发现大多数地方政府不愿意配置更多资源支持网络倡议以更新功能来提升网络互动（Panagiotopoulos et al.，2011）。面对公众诉求，行政机关虽然有受理义务，但是否考量和答复则取决于行政机关的裁量（Frederick，1991）。在技术层面，仍然需要研究信息和通信技术如何以及在多大程度上可以提升管理系统的参与度，以支持政府和公众间的良性互动；需要考虑如何更有效地使用技术手段，提升网络民主系统的可访问性、可用性、安全性、开放性和信任度等关键标准（Macintosh et al.，2002）。

从整体上讲，网络举措关键在于如何解决诸如更容易和更广泛地获得政府信息等问题，确保公众有能力提出与政策问题相关的意见，倾听民众的声音，并使其拥有使用网络渠道的技能和信心，以及如何让公众影响和参与政策制定等问题（Macintosh et al.，2002）。同时，还要使相关网络举措结合传统渠道，使公众发出“声音”和积极参与，告知参与者地方民主和决策的现实情况（Bochel et al.，2015）。

鉴于部分公众可能被电子民主所排斥以及相关网络举措的成熟度问题，电子民主的扩展是一个非常复杂且充满风险的过程，其内涵由其对政治系统的影响界定。例如，在促进政治参与、扩大公共领域等方面具有积极作用，同时会因为“数字鸿沟”加剧人们之间的不平等，并延伸对公众的社会控制等。

第三节　分析框架

分析框架是人们理解、解释和阐述研究对象的重要工具，框架阐释了有关问题的核心，能够帮助研究者确定研究的边界；同时，框架提供了将松散的问题要素组成固有结构的认识逻辑和分析模式。因此，建构分析框架具有重要的认识论意义，分析框架的建构一方面要立足于具体研究的对象和问题；另一方面则来自已有理论认识的指引。本书的核心是网络政民互动效能。政民互动包括公众参与—政府回应—公众评价—行政改进的政民互动全过程，其运行构件主要有信息沟通的双方和使沟通得以实现的条件，以及行政改进的主体和改进得以实现的条件。其中，公众与政府组织的行为是政民互动形成的基础，而互动效能是在互动过程中产生的。互动效能是一个复杂的多维构念，可从以下三个方面构建并阐释本书的分析框架。

一、政民互动的行为基础

从公众参与的理论视角来看，公众的身份和角色是自定义的，对公众角色的理解本质上是对公众参与内在动机的认识，公众参与的内在动机是网络民主举措的基本问题。一般来说，参与动机由个体自身的需求决定，需求既受个人特质的影响，又受政府和环境的影响。在不同情境下，公众的参与动因和行为具有不同特征，政府组织需要不断培育并提升公众的参与积极性（博克斯，2005）。

作为一种直接参与形式，网络政民互动系统中的公众行为是其参与动机的外在表现，行为不仅包括互动平台中的显性行为，还包括互动平台之外的“隐性”行为。前者表现为公众在平台中的参与频次、语言文本等；后者表现为公众在表达前的行为及体验、表达过程中的行为准备和实施，以及表达后的应对行为和体验。只有准确把握公众行为的取向与特征，才能更好地认识公众的内在动机，理解网络政民互动中的公众角色，有效维护和促进公众参与的积极性和有效性。

从政府层面来看，政府组织所营造的参与环境显然会影响公众网络参与；同时，政府组织及其行为方式会影响公众的认知结构和态度。具体来说，政府组织显性行为是其在平台上的网络回应，隐性行为则是其系列行政努力。在政民互动中，政府组织的参与动机受其所在的制度环境和绩效压力影响，在既有政府组织主导和建设的互动平台上，政府组织的参与动机和意愿相对稳定、可预期。从网络政民互动的初衷来看，应用网络信息技术的目的是促进政府和公众的沟通。这种直接沟通，一方面可以使政府更好地了解公众意见，避免激化矛盾，使政府决策充分反映民意、民情；另一方面可以使政府组织改变工作方式、行为方式和决策方式，避免官僚主义，更好地集中公众智慧，推动公众参与政府的决策过程。

总的来说，公众和政府组织的行为是实现良性政民互动关系的基础，识别和理解主体行为有利于解释网络政民互动潜在的进程变化及其影响因素。有迹象表明，这些行为及因素与网络民主安排的先决条件、设计、组织和背景有关（Aichholzer et al.，2016）。然而，目前仍然缺乏关于公众网络参与及政民互动行为对民主进程影响的探讨。因此，在具体的在线互动情境中，考察公众个体与政府组织的行为，探索和发现公众与政府组织行为的规律，促进公众网络参与的深化和政府行政行为的优化，实现良性政民关系的构建和发展，才能理解和实现网络政民互动效能。为此，需要从社会治理的核心——公众的视角出发，立足于网络政民互动全过程，研究政民互动的前提，即公众参与的意愿；互动的展开，即公众的反馈；互动的效果与成因，即公众的满意度以及影响公众对政民互动感知的因素。

二、互动过程与互动效能

网络政民互动是公众与政府通过网络渠道、途径或手段，以语言、行为等形式发挥彼此作用和影响的过程。互动效能于政民互动过程中产生，互动的核心是主体间行为的交互。在此过程中，网络平台是政民互动的渠道介体，话题是政民互动的内容介体。前者与公众参与及电子民主紧密相连，反映了政府通过网络政民互动这种形式改善民主进程的努力；后者则与新公共服务的导向有关，通过在公共领域的有效参与和对话，构建合作分担机制，以促进公共利益的实现。

公众对互动效能的感知和评价是在互动过程中产生的。一方面，互动是公众个体情感、行为取向和认知结构形成的过程，其重要作用是形塑公众感知；另一方面，互动效能能够影响公众感知，而公众感知是互动效能的重要反映。在新公共服务和电子民主理论视野下，政府组织行政努力的综合效益都是以公众的主观感知作为评价标准的。因此，互动效能既形成于互动过程，也应当从互动中公众的感知视角来理解。

在网络政民互动中，政府组织的行为体现于与公众互动的过程中，其结果是政府组织通过有效的组织运作创造公共价值，从而满足公众的愿望。总体来看，效率、开放性和响应性是公众对政府组织的重要价值期望

（Jørgensen et al.，2007）。效率是指组织的运作所产生的比成本更有利的方式；开放性是指政府行政的透明度，涉及公开发布有关公共信息以及回答公众提出的问题；响应性意味着政府部门要更加积极地遵循公众的要求，并回应公众意见。政府活动之所以能够创造公共价值，是因为其满足了公众对政府组织有序、公开和迅速回应的愿望。公众的价值取向是政府组织公共服务运作的追求，包括网络政民互动在内的公共计划的最终目标是为公众创造价值。因此，对公众与政府组织的行为及其结果——互动效能的认识应置于互动过程的具体情境中来理解。

三、互动效能的内在结构

互动效能是公众与政府组织在线互动过程中，为实现主体的互动目的，围绕互动过程、互动效率与互动结果所产生的综合效益。可见，互动效能是一个涉及行为、过程和结果的多维概念。其中，蕴含着两种分析逻辑，一种是“行为—结果”认识逻辑，即公众与政府组织的行为本身就是互动效能的构成部分或影响因素，这种逻辑强调“参与”在互动效能形成中的作用；另一种是“过程—结果”认识逻辑，即对互动效能的探讨需要聚焦公众与政府组织的互动过程，这种逻辑更加强调“互动”对公众和政府组织进而对互动效能的影响。显然，单纯地强调“行为”或“过程”都是片面的，需要整合两种分析逻辑，从主体行为、行为特征和相互作用对网络政民互动的社会实践进行深度扫描，从理论上解释政民互动不同维度和结构上的关系，验证和实现这种关系框架下的互动效能。

作为电子民主的一种解决方案，网络政民互动涵盖了微观行动和宏观规划的理论问题，互动效能是这两个层面综合作用的结果。其一，网络政民互动是一种典型的网络民主倡议，是一个具有内在复杂性和价值取向的概念，还没有通用的标准、公认的评估方法、可靠的测量工具和全面的分析框架可用来判断网络民主倡议的成功及失败（沙勇忠等，2015）。大多数对网络民主倡议的评估关注的仅仅是范围方式问题，而忽视了参与质量问题（Kloppenberg，2010）。从网络政民互动倡议的目标和实际运作来看，参与程度和范围主要体现在参与的数量、参与的话题、是否评价反馈等方面；而参与质量一方面体现公众的满意度，另一方面体现政府行政改进的结果。其二，网络政民互动效能不是单一要素的产物，而是公众个体、政府组织和社会交织的结果，互动效能应当从公众、政府和社会三个层面来解读。因为在一种既定情境下，人们不仅被物质和工具性关系束缚，而且在相互关系中追求和创造强有力的共同理念与意义，进而形成一种更强大的关系（米格代尔，2013），故必须将互动效能纳入社会治理的系统框架中进行理解。

综上所述，网络政民互动的核心问题是公众参与，公众感知是互动效能认知和评估的有效视角，网络政民互动的初衷决定了政府组织在互动过程中作为公共服务提供者的关键角色。其结果是政府组织通过有效的组织运作进行行政改进，从而创造公共价值，以满足公众期望。也就是说，政民互动的行为是互动效能实现的条件，互动效能是在互动过程中产生的，应整合“行为”和“过程”、微观和宏观因素，多层次、多维度展开对互动效能的探讨。

第三章

模型构建：网络政民互动效能形成机理

政民互动行为是网络政民互动效能的微观基础。其中，政府行为是组织行为与职务行为的结合，一般来说，政府行为的动因与特征是由既定的行政体制和政策（包括网络政民互动的制度安排）决定的，可以通过公众感知对政府行为进行描述。相对而言，网络政民互动中的公众行为更具情境性，公众行为的动因和特征决定了网络民主倡议的本质与价值，必须立足于网络政民互动的具体情境对其进行探讨。同时，网络政民互动是一种推进公众参与和公共行政变革的独特方式，现有研究对网络政民互动作为政治参与方式在公众与政府间所扮演的角色及发展潜能仍缺乏理解。为此，本章以扎根理论研究方法对网络政民互动效能微观行为基础，即公众参与动因和网络表达展开探讨，以增进对网络政民互动本质及互动效能形成过程的理解，进而构建政民互动效能的形成机理模型。

第一节　研究设计

一、扎根理论研究方法

伴随理论研究的深入和问题的变迁，认识事物的科学准则不断演变，在20世纪中叶，客观性、普遍性和可重复性是实证主义所强调的准则。实证主义研究方法假定事实与价值是分离的，科学研究者及其所采用的研究方法本身独立于外部世界。基于实证主义的这种研究理路，社会科学研究以发现外部世界的因果关系并做出有用的预测为目标。其后，伴随数据资料量化的技术和手段在质性研究中的不断引入，人们虽然不再强调并区分质性研究和量化研究，但是越来越关注社会科学研究是验证理论还是建立理论。虽然越来越多的量化研究关注数据资料的获取与处理，并不断完善和充实现有理论，但是很少能产生新的理论建构（卡麦兹，2009）。

在实证主义被广泛采用和理论建构被重新强调的背景下，作为对方法论共识的一种挑战，格拉泽和施特劳斯提出了一套完整的研究方法——扎根理论研究方法。扎根理论研究方法通过对资料收集和处理，解释和研究某种行为模式，进而构建新的理论，而不是去验证已存在的理论（Wilson et al.，1991），这为质性研究提供了系统策略。扎根理论研究方法既融合了实证研究中的假设、逻辑和方法等，又融合了田野研究中的资料处理，并将定量方法固有的优势与定性方法结合起来，建立经验剖析和理论研究之间的有效联系。

扎根理论的目的是探索社会现象及其基本过程，并理解在该过程中产生的变异及相互作用的多样性，其根源在于象征性互动主义，最著名的是“镜子自我”概念，即个人具有自我意识，能够从他人的角度看待自身。因此，可以假设共享本体。格拉泽与施特劳斯的原始版本将扎根理论定位为一种依赖研究者的理论建构方法（格拉泽，2009）。经过发展，扎根理论已经多样化，最重要的变化也归功于格拉泽和斯特劳斯。格拉泽将基础理论扩展到原始文本之外，以更详细地解释理论抽样、理论编码和理论备忘录的使用等；而施特劳斯和科宾则专注于开发分析技术并为研究人员提供指导，形成程序化版本（Heath et al.，2004）。目前，越来越多的研究采用扎根理论方法，尤其是采用程序化的扎根理论方法展开研究。

基于对客观现实世界的揭示和检验，扎根理论研究方法不仅可以对经验数据资料展开实证研究，还可以通过系统分析确定新的变量、概念和假设，从而为理论研究创造额外的途径（Yildiz，2007），以构建未涉及现有理论的全新理论。基于其对研究结果可信性、可转移性、可靠性和确定性有严格的要求，扎根理论被公认为是一种理想的过程探索性研究方法（陈姣娥，2012）。有学者指出，应当重视扎根理论方法在研究中的运用，尤其是在公共管理领域，扎根理论研究方法将对理论的生成和本土性解释产生重要的现实意义（李贺楼，2015）。目前，在公共管理领域有学者采用扎根理论方法研究政府网站利用（Wang，2014）、电子政务举措（Lee et al.，2007）等，已经被证明是成功的。

本书采用扎根理论研究方法进行研究，主要是基于三个原因。①现有关于网络参与和政民互动的研究，理论假设多源于相邻学科领域，有可能忽略网络参与和政府角色的特殊性，对公众参与政民互动的动因和行为特征的描述和解释力度不够。扎根理论研究方法不是基于现有理论，而是以假设演绎的方式对现象进行总结和归纳，适合于研究人员挑战现有理论、发展新理论，或者有兴趣在对世界的理解、感知或经验方面提炼研究领域的基本问题。②本书的主题是网络政民互动效能，公众与政府组织的互动在效能的形成和公众感知过程中扮演着极其重要的角色，这与扎根理论提倡的理解并解释主体间互动的过程和意义非常契合。此外，在本书中，公众感知是互动效能的认识视角，而感知来自主体的情感倾向、行为取向和心理认知，通过扎根理论研究方法能够更好地把握公众个体的内在认知结构与特征。③网络政民互动的实践和发展基于该过程的独特情境，不同形式的网络参与和政民互动在本质、动因等方面存在巨大差异，需要获取并分析具体情境的一手资料，而纯粹的理论探讨可能会丧失对网络环境生动鲜活的全新发现。基于此，本章以扎根理论研究方法作为主要研究策略，通过获取公众参与网络政民互动的动机、行为和效能感知的经验资料，生成网络政民互动平台中公众参与和表达的理论解释，并构建理论模型。

扎根理论研究方法是针对某一现象归纳式导引出理论的一种质性研究

方法（施特劳斯等，2004），是一个基于经验数据的分析过程，虽然研究者解释塑造数据的过程超出了单纯的描述，但整个过程是由数据说明和验证的。访谈资料是扎根理论进行分析的重要资料，通过对访谈资料的持续比较归纳，提炼出概念和范畴，再通过进一步的数据比较进行验证和阐述。在此过程中，可以同时进行访谈和编码，并达成理论饱和。具体研究流程如图 3-1所示。

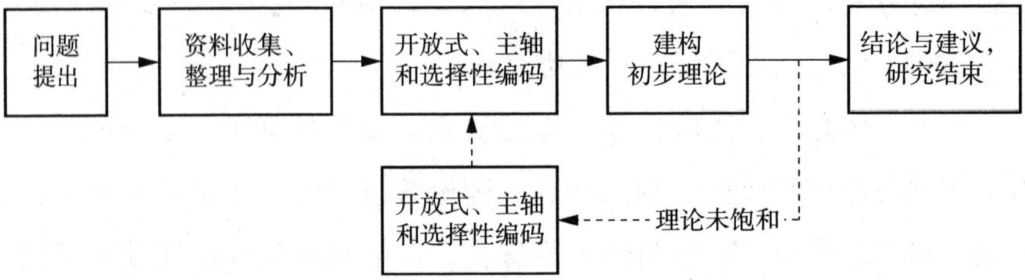

图 3-1　扎根理论研究方法流程

二、样本与资料来源

本书的数据资料来自对研究对象的深度访谈，访谈主要采用半结构化方式。根据研究目的、已有文献和平台数据观察，本书拟定了主要访谈提纲，如表 3-1 所示。访谈并不局限于提纲中的问题，也不局限于提纲中的用词与表达，而是充分考虑受访者的特质，选择合适用法以利于沟通；而且访谈关注公众的实际参与过程及体验，既包括参与前后客观事务和问题的不同情况，也包括公众的困扰、主观期望、心理变化以及反思等个体体验。在访谈时，尽力保持对访谈内容价值与意义的敏感性，尽可能捕捉有关研究主题的全面信息；每次访谈后，及时对访谈资料进行整理和编码。

表 3-1 访谈提纲①

项目	内容
基本信息	性别、年龄、学历
参与动因	还记得您上次在（留言板/问政平台/理政平台）的留言/发帖吗？是因为什么
	您为什么会通过这种方式表达看法或解决问题
	您考虑过直接去找相关部门吗？有没有想过用打电话或写信之类的方式
	您觉得留言/发帖这种方式最大的优势是什么
	下次遇到类似情况您还会采用这种方式吗
网络表达	您觉得通过网络留言/发帖会影响问题的处理吗
	通过网络给政府部门留言/发帖，在表述上您会留意哪些方面
	表述相关问题时，您为什么会留意这些方面
	通过网络给政府部门留言/发帖时，您觉得自己在表达方面有哪些欠缺
互动效能	政府部门是怎么回复和处理的您满意吗
	您觉得互动过程中政府的绩效表现在哪些方面
	您如何看待这些绩效的不同表现
	您觉得这些绩效之间有什么关系
	政府的绩效改善和您的实际感受有什么关系
	如何才能改善互动过程中政府的绩效和您的实际感受

扎根理论研究方法的抽样策略是理论抽样，以达到有效推论为目标，理论问题并不代表扎根理论研究中受访者的选择和受访内容。为了使数据资料能够真实反映网络政民互动的现实情境，本书选择受访者的主要标准为受访对象曾使用网络政民互动平台表达诉求。最终本书对来自多个城市、通过不同互动平台参与网络政民互动的 22 位受访者进行了有效访谈，基本情况如表 3-2 所示。

表 3-2 访谈对象情况统计

类别		人数	百分比
性别	男	13	59.1
	女	9	40.9

① 实际访谈所涉问题不限于此，具体问题及表述因人、因事而异。

续表

类别		人数	百分比
年龄	25 周岁及以下	3	13.6
	26~40 周岁	12	54.5
	40 周岁及以上	7	31.8
学历	大专及以下	9	40.9
	本科	11	50.0
	硕士及以上	2	9.1

三、编码分析步骤

扎根理论研究方法的挑战在于将大量具有多重含义的文本作为经验数据，而其最富价值的地方就在于对这些文本及其背后社会生活现象的创造性描述和理解。编码既是这一过程最重要的工作之一，也是数据的迭代、归纳和还原过程。借此，研究者可以干预、操纵、概念化和使用特定技术，通过编码构建主题、发现本质、描述情况和形成理论。

（1）开放式编码

开放式编码是编码的初始步骤，是识别概念并通过数据发现其属性和维度的分析过程，研究者沉浸在数据中逐行分析，以尽可能多的方式编码数据，并撰写分析过程中出现的概念和理论思想。在此过程中，对类别的属性进行维度化是核心任务，要开发类别以及判断类别之间的关系，研究者必须根据类别属性和属性维度，并把握好尺度。

（2）主轴编码

主轴编码是借助现象的条件、脉络、行动或互动的策略和结果——把各范畴联系起来，资料重新组合的过程（施特劳斯 等，2004）；是根据事实本身，将不同范畴进行比较、关联和归类的过程。这种联系是通过编码参数来实现的，其集中于现象的三个方面：现象发生的条件或情况，人们为应对当前情况而采取的行动或互动，以及采取或不采取行动的后果或结果。

（3）选择性编码

在选择性编码方面，研究者围绕中心主题、假设或故事整合数据以生成理论，并整合和改进理论。为完成最终任务，研究者应该选择核心类别，再将类别与核心以及其他类别相关联。

四、信度与效度

对扎根理论研究结果的评估既要审查理论发现是否具有经验基础，也要评估和判定研究过程（施特劳斯 等，2004）。前者与研究结果有关，后者则主要看扎根研究是否严格并完整地遵从相应的研究策略。在编码过程中，本研究确保研究效度的方法是三角检验，通过调查不同地域、不同表现形式的网络政民互动实践，从政府管理者、系统设计者、专家、公众等不同视角对资料和编码进行全面审视，以确保研究编码的有效性。

理论饱和是扎根理论研究的目的所在（卡麦兹，2009），一般来说，理论饱和不但与是否出现新的范畴有关，还与研究问题的类型及范畴的分析水平有关，也可以将其理解为理论的充分性。为此，本研究一方面通过进行更多访谈，并对访谈记录进行分析，确保没有涌现新的概念、脉络和关系，从而确认现有理论饱和；另一方面从已进行的分析和结果来看，确认是否已经能够形成稳定和系统的理论框架，从而对理论饱和进行判断。

第二节　公众参与动因

大多数人不愿意参加公共事务，而远离政治问题；少数人是政策结果的搭便车者，因为他们认为自己将从其他人的努力和参与中获益（Wang，2001）。而且，传统上大多数人在解决常规问题和具体问题时，仍然倾向于使用线下渠道（Pieterson et al.，2008）。可见，公众网络参与并非必然。事实上，公众参与是网络民主举措的一个重要问题（Al-Debei et al.，

2010)，如果公众不能广泛参与相关渠道，就不可能提升基于网络的公共服务水平（Carter et al.，2016）。也就是说，公众的参与动因既决定了基于网络信息技术的民主倡议的本质与价值，也决定了推动公众参与公共行政的有效性和战略方向的正确性。为此，需要更多的经验性研究结果，以更好地了解公众的态度和行为（Morgeson et al.，2011）。

从政府层面来看，与私营部门组织中强制性地采用网络信息技术不同，公众使用网络渠道是自愿的，不仅要从技术角度审视网络政务服务，更需要一种全面和综合的方法，以适应社会、政治和文化等方面的考虑。如果没有对公众通过网络方式参与的动机做出明确和一致的理解，政府就无法做出明智的战略决策来提升公众参与的积极性（Carter et al.，2011）。

一般来说，可以从多种角度理解公众参与的动因，包括公众对渠道的满意度、互动的性质、隐私安全、数字鸿沟等（Reddick et al.，2014）。不同形态的网络参与具有不同的特点，有些偏重于媒介形态，有些偏重于网络信息技术，有些偏重于参与者的行为方式，有些偏重于参与的目的和结果。相关研究发现，公众网络参与形式具有较强的情境性，且不同的参与形式不断发展演化。网络参与研究需要立足于具体情境，探讨公众在某一确定情境下的网络参与动因，有助于深化对某种参与形式本质、价值、核心要素、功能定位和系统规划的认识。

一、编码分析

1. 开放式编码

开放式编码是依据原始资料界定概念、发现范畴的过程。为了准确考察网络政民互动这一独特情境中公众的参与动因，本书采用“逐行编码”的方式概括出 31 个概念，具体如表 3-3 所示。

表 3-3　开放式编码形成的范畴、概念及原始资料摘录

范畴	概念	原始资料摘录
信息问题	信息的时效性	已经跑了好几次了，因为规定总是变化，需要获得最新信息
	信息的全面性	对我的疑问给出了详细解答，感谢工作人员的耐心讲解，提供的信息很全面
	信息的形式	涉及很多手续，说不清楚，感觉还是挺复杂，通过文字方式才能了解得更清楚
制度规定	制度不合理	有些规定没有考虑我们外来户的实际情况，难道没钱买社保，真的学也没法上
	缺乏详细规定	文件里没提到农村土地确权申报需要哪些材料
违法违规	主体违法	医院这种做法明显违法了，但真要去打官司的话很麻烦，所以希望政府能出面解决一下，毕竟有监管部门
	做法违规	我觉得这种做法违规，所以必须得投诉
主体平等	身份无限制	谁都可以发言，没必要知道我的身份，这样可以避免用“有色眼镜”看人
	主体权利	看到别人在这里留言和回复，感觉没什么顾忌，可以畅所欲言
充分沟通	完整表达	遇到复杂问题还是打字好，打电话的话前因后果都说不清
	充分思考	提问题的时候要想清楚，可以附上相关证据
	沟通无干扰	打投诉热线会担心时间、口音问题，在网站发帖比较从容
透明环境	诉求可见性	发帖和评价自己都可以看到，可以避免暗箱操作，这一点就比打电话和当面去找好
	公众围观	我发的帖别人可以看到，可引发大家的关注；大家有相似问题也可以一起反映，这样更容易引起重视
	领导关注	相关部门和领导对我发的帖不可能熟视无睹，都发在网上了对其会有一些压力吧
理政观念	政府重视度	电视和报纸都宣传过，感觉政府挺重视这个留言板的，政府机构办事大厅门口也有展板宣传
	政府形象	从以往的回复看，政府还是依法依规解决问题，政府给人感觉确实越来越好了
运营水平	制度保障	网站是政府主办的，应该会比较好地解决我的问题吧，起码有明确的受理和处理制度
	回应可预期	看了以往的留言，所有的发帖迟早都能得到政府的回复
	部门间沟通	我也不知道该去哪里问，但政府部门会去协调吧

续表

范畴	概念	原始资料摘录
服务水平	回应效率	回复还是挺快的，一天就收到回复了，为政府部门的工作效率点赞
	服务态度	还没去看网站上的回应，已经收到工作人员的电话，态度特别好，感受到尊重和重视
个体特质	习惯	有些人可能还不知道吧，我是通过网络解决问题了
	社会资本	同事告诉我，可以在这里反映这些问题
	个体能力	我不可能去上访，但也没有其他办法
感知效用	满意度	我对这个平台的回复挺满意的，所以以后有什么问题还是会通过这个平台来解决问题
	感知便捷	在网站上留言也能得到回复，根据回复准备好相关材料再去，免得去政务大厅排队
	不可替代性	主管部门我们都找过好几次了，也去过信访，除了这里，我不知道还可以去哪里投诉
个体需求	信息沟通	我是想通过这个平台解决自己的疑惑，咨询问题还是不错的
	情感宣泄	不仅可以释放自己的情绪，工作人员的回复也让我觉得很暖心
	维护权利	在网上留言是一个维权的好办法

2. 主轴编码

范畴是对访谈资料开放式编码的结果，但为了对客观现象进行有效描述，构建其内在关联，需要整合关联的多个范畴，以形成构建理论所需要的新范畴。根据不同范畴在概念层次上的相互关系和逻辑，本书将 12 个范畴归纳为 4 个主范畴，具体如表 3-4 所示。

表 3-4　编码形成的范畴及其内涵

主范畴	范畴	范畴内涵
话题因素	信息问题	公众认为存在信息不对称情况，需要与政府组织沟通
	制度规定	公众认为制度规定需要实施变革改进
	违法违规	公众发现主体或对象存在违法违规现象，需要纠正
平台环境	主体平等	互动双方具有平等沟通的权利
	充分沟通	让各方充分、翔实地阐述自己的观点
	透明环境	透明而公允的网络表达环境

续表

主范畴	范畴	范畴内涵
政府表现	理政观念	政府通过网络政民互动平台提供信息化公共服务的思维观念
	运营水平	政民互动平台的发展和运营水平
	服务水平	公众与政府组织或人员在交流、互动时感知到的服务水平
个体特征	个体特质	公众的习惯、社会资本、能力等个体特质
	感知效用	公众对网络政民互动的便捷性、重要性及满意度的主观体验
	个体需求	网络政民互动中公众对信息、情感和权利的现实需求

3. 选择性编码

选择性编码是以“故事线”（story line）方式描绘行为及其脉络、条件的过程。话题因素是公众参与的核心动因，在话题因素的驱动下，公众个体会依据自身的主观判断决定是否通过网络政民互动平台表达相关诉求；在此过程中，平台环境是公众参与表达的重要支撑，而政府表现是影响公众是否参与表达的重要调节因素。主范畴间的典型关系结构如图 3-2 所示。

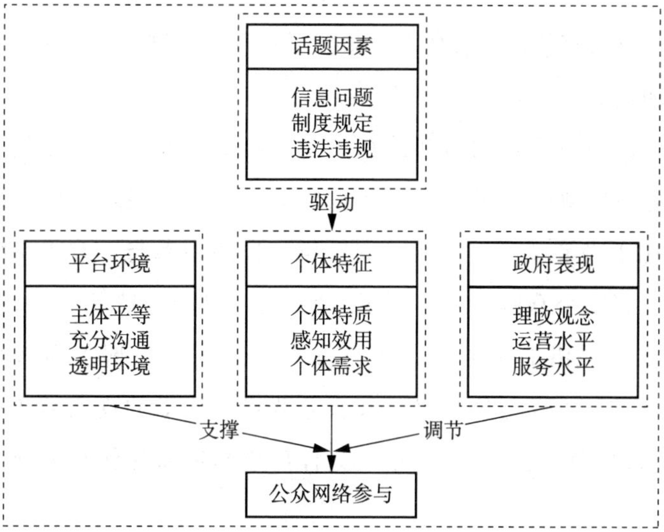

图 3-2　主范畴间的典型关系结构

二、理论阐释

通过研究公众参与的动因，有效揭示网络政民互动的本质及公众和政府行为的特征，能够为互动效能的形成机理研究提供必要的理论基础。具体来说，相关理论发现包括以下两个方面。

1. 感知偏差是公众参与网络政民互动的核心动因

公众出于对某些话题的关注参与政民互动，而政府部门亦是通过对话题的回应影响政民互动的过程和结果。话题是公众因为某种需求、关切未能实现，或其利益、权利受损，通过网络政民互动平台向政府组织提出的意思表达。这种话题不能简单等同于传统的信访或单纯的网络表达。传统的线下信访因时间、地点、形式等的不确定性，表达的有效性存在较大的不确定性，所以容易导致非理性、无序化和结果的不可控；而单纯的网络表达缺乏边界约束和目标控制，易导致观点碎片化、极端化等。网络政民互动过程中，公众和政府组织能够紧密围绕有关公共服务的信息不对称、制度规定不合理、相关对象和事务违法违规等展开对话和讨论。在这种情境下，公众反映有关公共或私人问题会相对理性和准确，讨论和沟通的情境也会更加真实。

话题是网络政民互动的背景和环境，相对于互动平台来说，话题情境具有一定的客观性和外在性。更重要的是，由扎根理论研究结果可以看出，相比于决策型参与、吸纳型参与、告知型参与、改善型参与和合作型参与，目前公众网络参与更多的是“校正型参与”①，公众基于感知政府组织实际提供的服务与“服务标准”之间存在偏差而参与政民互动。服务标准一方面与公众对公共服务数量和质量的现实需求有关，反映了公众对政府行政的某种期望，这种需求与期望显然与公众自身的生

① 学者汪锦军在《公共服务中的公民参与模式分析》一文中，将地方公共服务中的公民参与分为六种模式类型，即决策型参与、吸纳型参与、告知型参与、改善型参与、合作型参与和校正型参与。

活和工作场景有很大关系；另一方面与政府组织制定的公共服务标准有关，诸如对工作任务的完成期限规定、对政策措施的适用条件和范围规定等。政府组织越明确、坚定和广泛地承诺有关服务的标准，越有利于公众对服务偏差进行监督，如英国《公民宪章》通过列举服务标准使公民确知不符合标准的情况（彼得斯，2013）。本质上，这两方面并不矛盾，政府组织的服务承诺也是为了更好地满足公众需求。

不同的是，前者是“自下而上”，即公众不以政府组织的标准为出发点，而以自身需求为出发点，以此为出发点的公众网络参与具备更大引发政府行政变革的潜力；后者是“自上而下”，只有政府组织制定或公布标准，公众才能引为参照，在此情况下，公众网络参与的价值更多地体现在通过评价、监督等达到纠偏的目的。在公众没有参与之前，二者都是政府按相关规程或惯例提供公共服务；当公众参与进来以后，公共服务的提供部门发现公共服务和公众的需求之间存在差异（汪锦军，2011），在一定的组织机制下，政府组织据此对既定的公共服务方式和质量进行调适。话题情境分析的价值在于：一方面话题情境的剖析揭示了网络政民互动的本质；另一方面话题情境是线上表达和线下行动的媒介，其内在逻辑如图 3-3 所示。

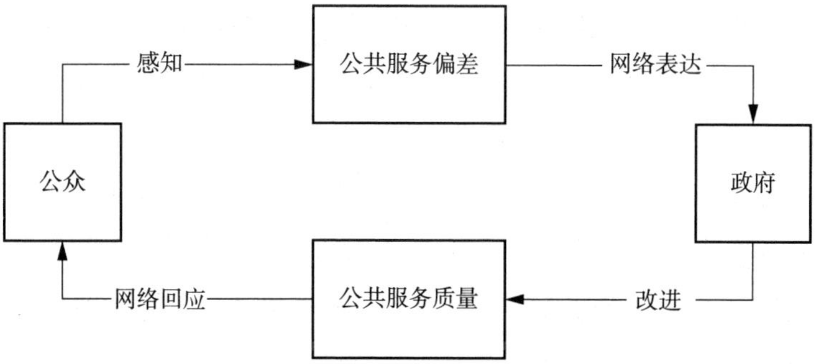

图 3-3　网络政民互动的内在逻辑

2. 平台环境和政府表现对公众参与动因产生重要影响

网络政民互动的基本形式是网络对话与交流，但对话与交流的良好环境并非天然形成的。事实上，许多诸如在线论坛、社交媒体等平台并不具备理性对话的有利环境。通过访谈发现，公众将主体平等、充分沟通和透明环境作为积极参与网络政民互动的动因。首先，主体地位平等，即各方有大体相同的机会和权利发表观点。网络政民互动平台的机制设计可以打破由阶层、教育、收入、习惯等造成的沟通障碍，并通过对话为表达关注和价值提供舞台，以达成公共事务的共识和建立实现公共利益的基础。要使网络政民互动中的对话机制变得有意义，就必须将重点放在公众对程序平等的看法上（Carman，2012）。其次，沟通的充分性。网络政民互动过程中，诉求的有效性主要体现在诉求内容上。人们对直接关系自身利益的特定问题可以进行完整表达，而且在表达过程中，公众可以无干扰地进行系统的思考与反思，并与政府组织展开有效互动，而不是陷入宽泛的机构议程之中。最后，透明、开放的网络环境。透明、开放的网络环境是有效参与和表达的必要条件，甚至公众意见及其所在的作为公共场域的平台的存在都与这种发表意见的开放性紧密相连（凯罗尔，2015）。网络政民互动以其开放性、结果的可预期性，实现信息自由流动和数据开放。在这种情境下，会产生一种“敞视”的机制，政府组织知道其回应可能被“围观”，即使这种监视是断断续续的（福柯，2012），也会一定程度上产生促使主体走向理性的动力和压力。

互动系统作为一种渠道和环境因素，会因其固有的特征、功能等具备影响公众网络参与的潜质。Pieterson（2009）通过对渠道选择非常全面的研究，发现公众会选择最适合任务和具有最佳特征的渠道，即所谓的任务渠道阐述，这主要取决于任务的复杂性和模糊性以及信道的丰富性特征。也就是说，公众是否会选择某种渠道与政府组织展开沟通与互动，取决于公众参与的任务特征。一般来说，前台和电话是消除问题模糊性的首选渠道，而互联网和前台是处理复杂性问题的首选渠道（Ebbers et al.，2008）。

前台和电话的优势是沟通的即时性和充分性，只有借此才能有效面对和解决模糊性问题和复杂性问题；但事实上这种充分性并非固有的，需要时间、成本等的保障，并依赖于服务人员的专业素养。

由扎根理论研究的结果来看，网络政民互动平台具备主体平等、沟通充分和环境透明等特征，这些特征使互动平台既适用于解决复杂问题，又适用于解决模糊问题；而且，网络政民互动平台通过有关事实及细节的文字性表述、话题事件的分发处理、话题素材的提前准备等，为电话和前台渠道提供更为有效的沟通基础。

从政府表现来看，政府作为网络政民互动平台的建设者和管理者，显然是一种对公众参与产生重要影响的因素，它反映在政府组织的理政观念、互动与行政系统的运营水平以及互动系统中体现出的政府组织服务水平等方面。其中，政府理政观念是指政府组织通过网络政民互动平台进行信息化服务的思维观念。公众会通过直接信息和间接信息，产生有关政府是否重视政民互动、政府组织能否依法依规解决问题的看法。运营水平是指政民互动平台与行政管理系统的运营和发展水平。公众可以通过相关制度能否解决问题、政府是否会无差别地回应，以及互动平台能否有效整合行政部门进行协调服务等对政府运营水平做出判断。服务水平是指公众与政府组织交流、互动时感知到的服务质量。公众主要通过政府组织的回应效率和政府工作人员的服务态度对其服务水平产生认知。通过网络政民互动这一形式，政府组织和人员可以更好地阐释政策法规与制度措施，以便公众更加深入地理解和接受政策法规与制度措施，并解决现实问题。

政府组织的现实表现与互动平台的运作效率紧密地结合在一起，并共同发挥着重要作用。然而，相比于平台环境，政府组织的现实表现显然是不稳定的；而且，政府联系公众的努力不如回应公众需求的努力有效。也就是说，网络政民互动中，政府表现的核心是应当更多地关注解决公众的需求，而不是增加追随者（Feroz Khan et al.，2014）。

3. 应当从公众与政府组织的互动行为角度认识互动效能

在网络政民互动这种独特的情境下，平台本身缺乏社会交往、信息扩散等功能设计，公众对感知效用有较为稳定的预期，且公众的诉求目的比较明确和集中。公众参与网络政民互动与个人习惯、社会资本与能力等个体特质有关，而这些特质来自公众所处的社会、经济和文化等环境，相对于网络论坛和线下的诉求表达而言，网络政民互动对公众个体的政治意识和参与能力要求适中。公众的感知效用主要包括满意度、感知便捷、不可替代性等，即公众认为网络政民互动相对重要、方便，并能达成自己的某种期望。在一些形式的网络空间，公众有可能陷入非理性表达和无效讨论的桎梏；但通过公众访谈来看，公众的参与目的相对聚焦且有价值。公众虽然有表达情感的需求，但更多情况下能够紧紧围绕其自身特殊情况寻求有效的信息沟通，出于解决实际问题、维护自身权利的需求或参与公共事务的成就发展需要等参与网络政民互动。

从政府层面来看，目前大多数政府组织的主要目的是通过频繁提供相关信息来增加公众对政府运营的信任，但这种方式只能被视为最低限度的网络参与，并且经常被误解为真正的公民参与（Mergel，2014）。在以往基于网络信息技术的实践中，政府组织很少会超越对公众要求的响应，或者将网络民主举措用于复杂事件驱动的交互中（Kavanaugh et al，2012）。然而，通过对网络政民互动的扎根分析可以看出，公众围绕关切和涉及自身利益的话题与政府组织展开互动，这些话题往往是具体而复杂的。在这种独特的情境和制度框架下，政府组织存在对公众关切进行形式和实质回应的动力与压力。也就是说，网络政民互动中，公众与政府组织可以有效地面对复杂的社会实践，同时网络政民互动具备推动政府组织进行更深层次行政努力的潜能。

网络政民互动的深入展开及其效果既受到公众行为和其特征影响，也受到政府组织行为和其特征的影响，是公众与政府相互作用的结果。由此，一方面，主体特征决定了公众参与的动机与立场，应当关注公众的参与行为及其特征的描绘，只有实现对主体行为的理解，才能维护和促进公众参与政民互动的积极性；另一方面，政府组织及其行为方式会影响公众网络参与的认知结构和态度，可通过分析政府组织行为及其特征，不断优化其行为策略，实现良性政民关系的构建和发展。

网络政民互动中的主体行为关系如图 3-4 所示。与民间网络表达空间相比，公众在网络政民互动平台中的诉求更明确，体现在输入环节公众为实现一定的利益诉求或价值追求向行政系统提出的要求、批评和建议；政府组织的行为也更加稳定，体现在输出环节制度化、流程化与常态化的政府回应（李松林，2013），且在此过程中更加强调政府与公众的有效互动，这一特点通常使公众对互动平台中政府的回应效率和质量期望较高。因而，在面临问题时，为了获得政府关注并尽早解决问题，公众更倾向于使用这类平台表达诉求。

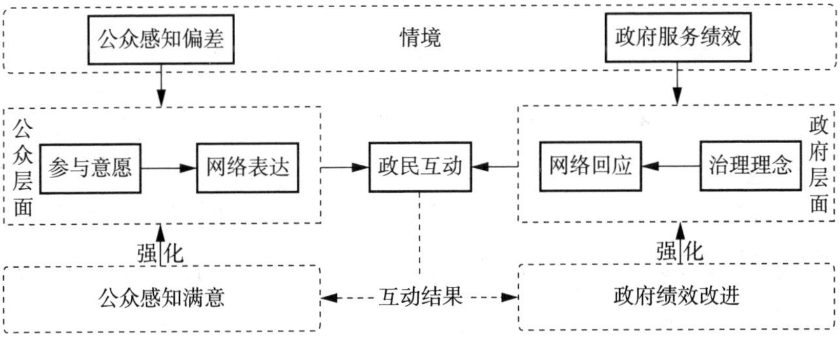

图 3-4 网络政民互动中的主体行为关系

第三节 公众网络表达

互联网为公众提供了讨论公共事务和社会问题所必需的交流空间，正是通过这一空间持续的非正式对话，公众才能表达新的想法、发展和阐明偏好，更重要的是意识到来自其他主体的意见。越来越多的证据表明，网络表达和对话可以提高公众的政治知识水平、参与度以及对不同观点的接触和容忍并促进偏好改变；正是通过对话，公众才能理解彼此及其面临的政治问题和社会问题与解决方案（Graham，2015）。

显然，网络政民互动系统的基本功能就是为主体间的对话提供平台和空间，相对于网络社交平台，网络政民互动平台中的对话不仅是持续的、规范的，其独特之处还在于对话的主体是公众和政府组织。这种对话不仅有利于公民身份的培养，还有利于政府观念的更新，因而更加具有公共行政的价值与意蕴，并具备改善政民互动的潜能。也就是说，围绕这种对话的研究可以获得对互动效能的有益理解。

在网络政民互动中，政民对话的表现形式是网络文本话语，话语是网络互动行为的表征，能够反映主体的行为特质。在网络政民互动情境下，话语承载着主体的意图，但往往难以从话语本身来认识主体的意图。一方面是因为话语的表达质量、理性水平等往往受到个体因素、对话对象和外部环境等的影响；另一方面话语本身意义具有不确定性，在不同的结构系统、不同的社会语境（情境）中，网络表达的话语具有不同的意涵（黄冬霞，2017），而通过扎根理论研究方法更有利于对主体意图的揭示。因此，本书主要通过扎根理论研究方法，识别公众网络表达的特征，以深化对公众网络表达话语意图和意涵的认识，有效刻画网络政民互动中的公众参与，进而全面理解互动效能的微观行为基础。

一、编码分析

1. 开放式编码

为了考察网络政民互动这一独特情境中公众网络表达的话语，本书采用“逐行编码”的方式，最终概括出 20 个概念，具体如表 3-5 所示。

表 3-5　编码形成的范畴、概念以及原始资料摘录

范畴	概念	原始资料摘录
表达清晰	时间地点	我反映的是洒水车的事，时间、地点首先得说清楚，以便核实查证
	表述完整	步行街改造几年了，前前后后有很多事，我觉得还是把问题完整地说出来才有利于解决
	深思熟虑	我会参考别人的留言，想清楚再发帖，避免浪费大家的时间
逻辑清楚	有条理	我是向政府建议改造路灯，不管什么事，我觉得有条理才更容易被采纳吧
	前因后果	我反映的拆迁问题是有特殊原因的，不说清楚好像我是无理取闹
	利弊权衡	步行街改造是有好处，但也要考虑带来的不利影响：铺面不值钱了，生意也受影响了
社群规范	客观	事实不像有些领导想的，得把这个事情的真实情况讲出来
	有原则	坚持自己的观点和立场，才不会被敷衍
	有是非观念	是非对错是基本的，道理越辩越明，否则只会浪费时间
情绪宣泄	愤怒	这件事使我很生气，得让政府部门的人知道并重视
	不满	这件事的解决结果让人很不满意，我得让大家都看到
	迷惑	之前的回复不清楚，我对这件事还是很困惑，不知道怎么办
获得同情	陈述困难	确实有困难，之前政府没考虑到我家的难处
	换位思考	政府应该设身处地从我们老百姓的角度来考虑问题
政策法规	讲政策法律	我不是不懂法律，法律规定我很清楚，前后都有好几个文件。当面也给我们看了，也承诺了
	具备常识	这个事情的背景和基本信息我还是掌握的
部门职能	办事流程	根据规定，政府部门应该管这个事情
	职责规定	我得把这个事情当中政府的职责再跟他们说一说
自身权利	权利意识	我有向政府部门表达不同意见的权利
	明确要求	我需要把自己的要求清清楚楚地告诉他们

2. 主轴编码

根据范畴在概念层次上的相互关系和逻辑，本书将 8 个范畴归纳为 3 个核心范畴，具体如表 3-6 所示。

表 3-6 编码形成的范畴及其内涵

主范畴	范畴	范畴内涵
理性取向	表达清晰	公众对事件细节进行完整且深思熟虑的表达
	逻辑清楚	公众有条理且考虑前因后果及权衡利弊地表述
	社群规范	公众表达符合客观，有原则、有是非观念等社群规范
感性取向	情绪宣泄	公众对政府组织具有情感表达和沟通的诉求
	获得同情	公众倾向于通过陈述困难、换位思考来获取政府同情
知识取向	政策法规	公众在表达过程中倾向于讲法律、依法办事
	部门职能	公众倾向于通过强调相关部门的办事流程和职责进行表达
	自身权利	公众冀望通过强调自身权利和诉求来获得政府组织的关注

3. 选择性编码

本书揭示的网络政民互动中公众诉求表达的特征，是公众在参与动因驱动下的一种主观倾向，包括理性取向、感性取向和知识取向。虽然这些特征并不代表公众网络表达的现实，但它们共同体现了公众在网络表达中的价值追求与取向。其中，知识取向对理性取向和感性取向产生影响，具体如图 3-5 所示。

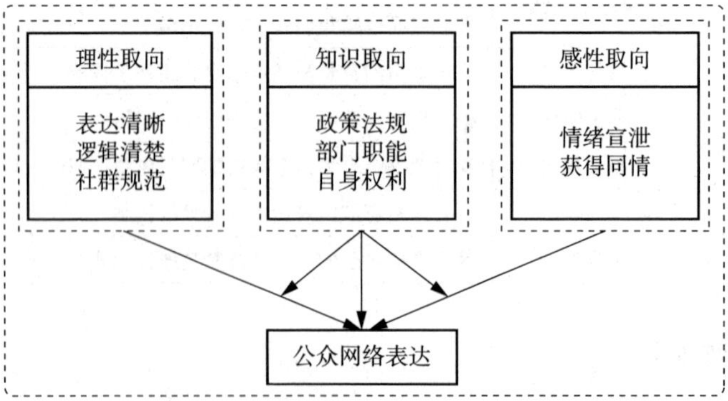

图 3-5 主范畴间的典型关系结构

二、理论阐释

从新公共管理视角来看，可将网络政民互动系统视作一种公众关系管理（CRM）的解决方案（Jung et al.，2015）。因为它简化了公共服务提供过程，提高了地方政府应对公众服务需求的能力，为公众提供了一种与当地政府方便的联系方式，降低了公众服务需求的不确定性和服务信息的搜索成本。更重要的是，作为一种交流工具，它提供了公众与政府组织交换信息的解决方案。一般来说，使用网络政民互动系统的人越多，政府组织通过与公众互动获得的信息越多；而获取相关信息不仅要把握公众外在的参与行为，还要理解公众内在的态度和意识。

个体素质是公众能否参与网络政民互动的关键（王卓等，2010），着眼于政民互动关系的良性发展和服务绩效偏差的有效感知。公众的理性取向是一种极为重要的特质。首先，表达清晰是公众理性取向的一种表现，公众在网络表达时，倾向于对事件或话题的时间和地点进行完整表达，并且是经过深思熟虑之后表达，具有电话等其他沟通方式所不具备的优势。其次，逻辑清楚是公众理性取向的另一种表现。访谈中我们发现，公众出于对问题的有效反映和有利回应往往会考虑前因后果并权衡利弊，通过有条理的表述来展现自身的关切与理据。此外，作为一个正式、规范且需要用文本来表达的平台，网络政民互动系统营造了一种积极、规范的对话环境。在这种环境中，公众会自发地使自身行为和语言符合客观，有原则、有是非观念等社会群体规范，这是导致公众理性取向的一个重要原因。

感性的诉求与对话是公众对其个体身份与内在感受的反映，它呈现的是公众对政府组织和行政体系的情感认知。从倡议的初衷来说，网络政民互动与政务微博等形式所具有的情感沟通功能不同，网络政民互动的设计和规划主要聚焦公众关心的政务或事务的处理功能。然而，从调查访谈中我们发现，一方面，现实中公众会因多种因素产生消极情绪，尤其是“行政失当”和“违纪违法”等社会治理中的具体问题，导致其对政府产生负面看法和信任缺失。在此情境下，公众对政府组织具有情感沟通的诉求，政民互动平台具有公众情绪“减压阀”功能。通过网络政民互动，在得到政府组织关注后，公众个体因自身感受到的服务绩效偏差导致的消极情绪能够得到缓解。另一方面，消极情绪抒发、缓解或者转变不仅是公众感知的重要组成部分，还会因为良好的体验增进公众对政府组织的积极认知。如此，政民互动平台就具有了公众信任培养的功能，政府组织应当关注回应态度和方式中所蕴含的“情绪关怀”，以改善政民互动中公众的情感体验，缓和主体间的紧张关系，促使公众对政府产生良好的情感认知。这种情感认知在一定意义上比理性认知更加深刻，更有益于形塑稳固的政民关系。

知识是良好沟通的基础，从参与动因可知，在网络政民互动中，公众主要围绕其感知的服务绩效偏差与政府组织进行沟通。因此，有关公共事务、公共政策和政府组织的相关知识就成了有效沟通的必要条件，而且为了得到有效回应，公众也会认识到具备这些知识并在表达中应用这些知识的重要性。这些相关知识包括政策法规，即公众在表达过程中倾向于讲法律、依法办事，并掌握有关话题的背景信息；部门职能，即公众倾向于通过强调相关部门的办事流程和职责进行表达；自身权利，即公众冀望通过强调自身权利和诉求来获得政府组织的关注。

这种知识取向潜在地具备促进公众作为负责任的社会公民的潜力，但公众因为个体本身的经济条件、社会阶层、教育背景等因素在掌握和具备这些相关知识和能力方面并不均衡，从而使网络政民互动的实践受到“数字鸿沟”问题的困扰。“数字鸿沟”一词于 20 世纪 90 年代初期被提出，最初是用来描述社会各群体在享用互联网服务方面的差距，现在则主要指由于“电子文盲”造成的社会分层问题，其根源可能是经济条件、技术潜力、社会地位、心理障碍或教育缺陷等因素，实质是由于各种原因无法访问互联网的个人被部分排除于社会生活之外，这可能会滋生社会冲突和不满（Musiał-Karg，2016）。通过分析网络政民互动中公众的诉求表达可知，公众越来越有能力利用网络信息技术来解决他们的担忧并参与公共事务讨论（Hung，2010）。

由上述分析可以看出，公众通过网络政民互动平台进行诉求表达时，具有理性、感性和知识取向，且需要强调的是，这是公众的主观取向，而非现实表现，后者显然与公众的文化、心理等因素密切相关。虽然这些取向并不意味着网络政民互动中公众诉求表达始终能够保持较高的质量，但是有关电子政务研究表明，涉及电子政务的网络参与和表达技能差异无关紧要（Ebbers et al.，2016）。然而，现实中公众网络表达反映了公众的这些取向，如图 3-6 所示。网络政民互动中，这些取向反映了公众网络表达的动机；同时，在这种动机影响下，公众具有通过反思并提升自我的机会。

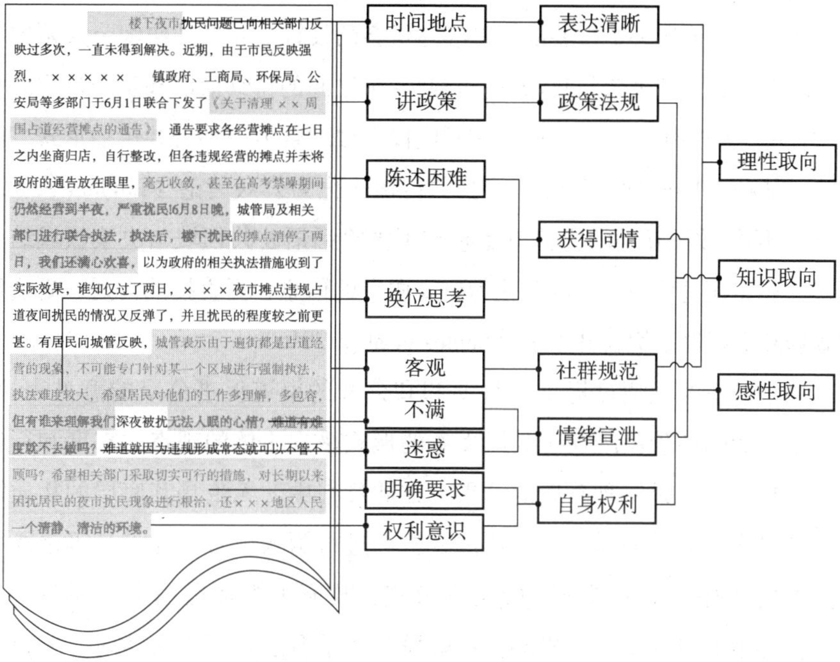

图 3-6　网络政民互动中公众网络表达取向

资料来源：泸州网络问政平台（http：//wen. lzep. cn/node/reply. html）。

网络政民互动中，公众和政府通过网络语言文字进行交流，因而内涵在语言中或通过语言被建构（霍尔，2013）。从协商对话的视角来看，协商是一种规范性概念，它遵循一系列旨在实现理性共识的规范和规则的合理性原则。然而，这种协商往往不适合在日常生活空间中展开，因为这些生活空间不受任何正式议程或结果的约束。在这些空间出现的政治谈话通常是自发的，且谈话往往缺乏任何直接目的，一般不会导致直接的政治行动，因而缺乏对话的价值（Graham，2015）。而网络政民互动中的对话不同，因为对公共服务偏差的关注，这种对话不仅能够影响政府组织，也能够影响公众自身。越来越多的证据表明，谈论政治可以提高政治知识水平，对不同观点的接触和容忍能够促进公众偏好的改变。

公众的话语表达是代议制政治决策的基础，因为公众（直接或通过网络）为政治制度提供必需的思想、利益和要求。部署网络参与以促进参与性文化和民主决策的一个重要前提是参与机会的设计，并将其作为公共领域不同行动者和利益相关者与政治——行政系统之间的持续话语和互动过程。在此过程中，公共领域得以形成，它不应仅仅被理解为一种公共传播形式，而是暗示某种（协商性）质量，将公共传播转化为公众舆论（Lindner et al.，2016）。网络政民互动的优势就是它有可能将话语公共领域与决策领域结合起来，在实践过程中，可以转化为更高质量的信息、更直接的沟通、更透明的管理和更好地了解公共事务（Santos et al.，2016）。

网络政民互动通过提供一种便利和公开的渠道促进公众的意见表达，这种意见表达的价值既在于其以文本的形式呈现主体的观点、态度和行为特征，也在于其是一种反思的结果。在此过程中，无论是其底层的物质需求，还是潜在的精神需要，公众都有机会进行深入思考，并将其诉诸既有特定指向又有公共“围观”的文本形式。政府组织在运用文本回应公众时，同样拥有自我反省的机会。在政民互动平台进行网络表达时，公众和政府主体本身将发生改变；研究网络表达文本的产生在特定意义上意味着研究主体的生产过程。公众和政府不仅是“主体”，诉求表达和文本回应也不仅是“客体”，公众和政府还通过文本和文本的生产过程建构了自身

（吉登斯，2015）。由此，着眼于网络政民互动效能的提升，不仅应关注公众和政府组织的外显行为，还应关注隐含在其话语中的“意指实践”。这既是网络政民互动效能走向系统化研究的需要，也是政府部门回应和决策实践的发展方向。

在此意义上，公众的网络参与及表达应当被视为民主的重要特质。通过网络表达，公众的文化意识、民主意识被培育，公众将更好地具备与政府有效互动的条件，其需求会得到更好的满足，权利也会更好地得到实现。因此，对网络表达的认识不仅有利于分析和判断公众意见与关切，还有利于政府组织采取相应举措促进公众表达能力的提升。也就是说，公众网络表达不仅是为了达到物质上的结果，还是解决文化问题的工具。

第四节　机理模型阐释

网络政民互动中，公众个体可以就自身关切的问题进行网络表达并获得回应或解决，更重要的是，网络政民互动可以通过更广泛、更深入的行为参与和诉求表达，产生有关社会治理和政府行政的社会资本建设或集体效力的溢出效应。这种效应的基础是网络政民互动应该在政府公共行政和决策过程中发挥作用，因为现实是作为“成功倡议的第一个先决条件”——对影响力的现实期望，即与决策者的联系经常不存在（Boucher，2009）。网络举措的核心就是建立这种联系并形成公共领域，公共领域不应被理解为公共审议和话语的单一空间，而应被视为“不同公众部分重叠的交流网络”。公共领域这种差异化的关键是将公民社会视为公共协商的基本支柱，它们的功能至关重要。因为它们引入了政治话语的主题和论点，否则这些话题将会以民主决策的质量为代价。

通过分析网络政民互动中公众参与动因和网络表达可知，在政府组织的有力推动和系统规划下，以感知绩效偏差为核心的公众参与和以理性、感性及知识为取向的网络表达具备实现互动效能的内在机制。然而，仍需要在更广大范围内，探索和检验各种参与形式以准确评估公众参与的预期，从而使网络政民互动在社会和行政舞台上产生更广泛的影响。

从本质上来看，网络民主举措不仅需要探讨“自上而下”的理政问题，还需要探讨“自下而上”的参与问题。二者不是对立的关系，而是应当将其结合起来，考察是否可以带来协同作用。一般来说，“自上而下”的网络民主举措是政府组织基于效率、成本、社会治理、民主改善等原因进行的部署，反映了政府组织的执政理念；而“自下而上”的网络参与展现了公众对网络民主的积极作用，其重点是改善沟通、讨论和协商。显然，仅仅关注单向的参与倡议不能解决网络民主问题，需要加强不同倡议的整合，以实现倡议的协同作用（Aichholzer et al.，2016），网络政民互动显然具备这种潜能。为了充分理解这种潜能，实现公众广泛参与及政民互动带来的行政和社会层面的溢出效应，迫切需要就互动效能的内在形成机理展开探讨，以助力政府组织借网络政民互动平台改善互动效能的目标。

一、编码分析

1. 开放式编码

为了准确考察网络政民互动效能的形成机理，本书采用“逐行编码”的方式，概括出23个概念，具体如表3-7所示。

表3-7　开放式编码形成的范畴、概念及原始资料摘录

范畴	概念	原始资料摘录
公共价值	公开透明	只怕是上一级来查结果又不一样了，要是经常有人反映这些问题，事情就会越来越透明了
	公平公正	事情最后解决了，也给了低保，但个别基层官员的工作效率有待提高。制定政策的是你们，裁判也是你们，能不能一视同仁
	符合规范	没有收到任何通知，不知道由业主恢复耕地的答复有何依据，希望以后能规范些

续表

范畴	概念	原始资料摘录
行动方案	持续性	这两天情况确实有所改善，但是我认为难以长久，过段时间还是一样，得有长久的办法
	可靠性	行政方案有时不可靠，应该进行交通改造而不是维修，路面不平是次要的，主要是路面太窄
	具体性	没有具体的方案措施是不行的，这个和其他事不一样，讲大道理没用啊
解决问题	针对性	政府应该有针对性措施来解决问题，而不是重复政策规定
	特殊性	这里反映的都是比较特殊的问题吧，正常的情况谁都知道，就是想问像我这种特殊情况该怎么办
	实效性	我们投诉几次，根本没什么效果，晚上还是吵得睡不着。说是调查取证了，但还是一样啊
组织流程	公众监督	回复是一方面，到底如何解决应该接受大家的监督
	跟踪机制	回复了，到底有没有执行也不知道。这虽不是政府的问题，但政府还是应该加强教育，让其文明洒水
	长效机制	投诉就管一下，过后还是一样，得有长远的办法
	互动流程	流程设置挺重要，如受理、评价等。有了受理环节就不会投诉错对象了，否则也是浪费时间
回应形式	回应严谨	每次回复都不一样，能这样善变吗
	回应全面	只回答了用地，对征地补偿标准并未做出明确答复
	回应及时	之所以在网上问政，为的是就能及时得到解答。回复太慢了可能会耽误事情，不如直接去问了
	回应渠道	政策的事适合在网上列出来，更清楚；但不应该局限于文字表述，结合电话沟通效果会更好
政府责任	获取信任	我觉得信任很重要，即便政府部门做了，大家不相信也没用
	自动自发	政府应该主动解决问题，而不是等着大家问了才解决
	避免推诿	推诿和不负责任的回复让人无法接受，最重要的是责任观念
政府理念	政府重视	对问题的重视让人觉得政府跟老百姓心在一起
	注重沟通	不仅是回应，关键是问政后政府还向我做了解释。重在沟通，沟通后才发现原来问题这么复杂
	主动思考	既然有市场，就肯定会有公平交易的问题，更何况那么大的市场。为什么这些事情要老百姓问才能想到呢

2. 主轴编码

根据不同范畴在概念层次上的相互关系和逻辑，本书将 7 个范畴归纳为 3 个主范畴，具体如表 3-8 所示。

表 3-8 编码形成的范畴及内涵

主范畴	范畴	范畴内涵
政府观念	公共价值	政府在互动过程中公开透明、公平公正，且行为符合规范
	理政理念	政府重视与公众的沟通互动，有主动思考意识
	政府责任	政府在回应过程中能够解决实际问题并承担责任
行政努力	组织流程	政府组织注重互动过程中的监督、跟踪机制和互动流程
	行动方案	政府组织的行动方案及方案的持续性、可靠性、具体性
政府回应	解决问题	政府回应的针对性、可靠性和实效性
	回应形式	政府在回应公众诉求时的严谨性、全面性和及时性

3. 选择性编码

网络政民互动中，公众对政府组织的绩效表现产生综合感知，包括对政府观念、行政努力和政府回应的感知。公众关注政府组织是否通过行政努力实现行政改进，政府组织的回应是否令人满意，是否提升了感知绩效。政府观念决定其行政努力，而行政努力使政府回应更具实质性且更易达到公众期望，其内在逻辑关系如图 3-7 所示。

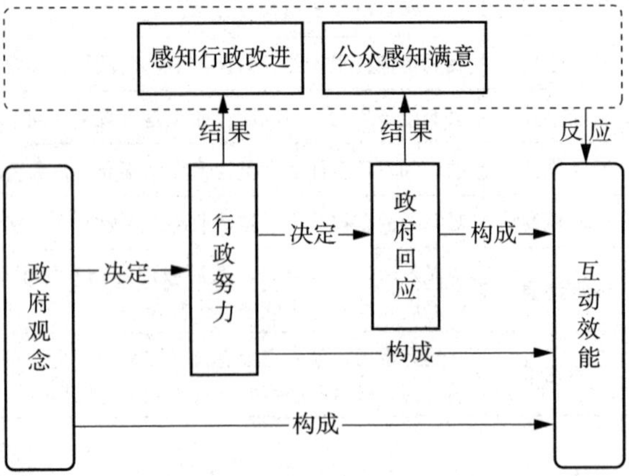

图 3-7 主范畴的典型关系结构

二、形成机理模型构建

从客观层面来看，网络政民互动效能包括互动给公众、政府和社会带来的综合效益；从主观层面来看，网络政民互动效能是指公众感知到的综合效益，两者不可分割。公众参与动因决定了网络政民互动是围绕公共服务偏差感知与弥合的过程，这意味着应当以公众为中心，从新公共服务视角理解互动效能；从网络政民互动本身的定位和规划来说，应当追求基层民主，即从网络民主视角理解互动效能。也就是说，从研究背景来看，应当从公众感知视角来审视互动效能的形成机理。

基于公众感知视角，互动效能是公众和政府组织良性互动的结果，既是公众网络参与潜力实现的过程，也是政府行政变革的过程，是在平台环境营造与系统设计规划基础上主体功能契合和行为模式协调的过程。结合对互动效能微观行为基础——公众参与动因和网络表达的分析，构建互动效能的形成机理模型，如图 3-8 所示。显然，单纯从政府组织在平台建设方面的努力来看，网络政民互动与电子政务等其他网络举措并无本质上的差别。正是公众的参与行为及特征，使网络政民互动与公共服务偏差联系起来，也为政府组织的行政努力赋予了活力与效率。

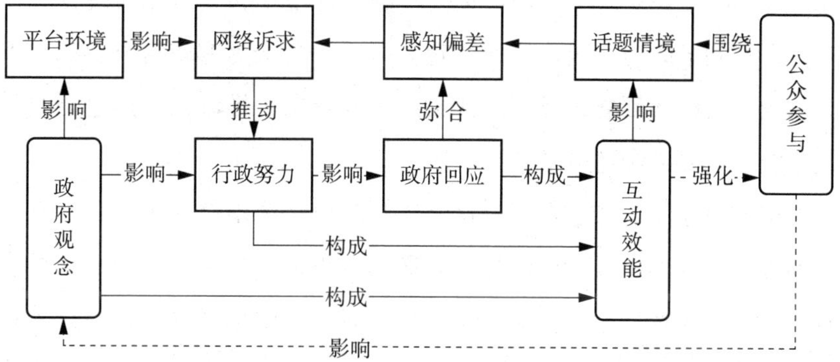

图 3-8　网络政民互动效能的形成机理

由此，相比于电子政务，网络政民互动在努力方向、流程优化和部门协调等方面具备变革公共行政的更大潜力，互动过程中经过形塑的公众感知也为行政绩效改进和互动效能实现赋予了重要价值。在讨论 C2G 和 G2C 的网络民主举措时，该模型印证了网络政民互动具备推动电子政务（公众作为客户）到“我们政府”（公众作为合伙人）转型的潜能，有利于促进“一种新的社会契约”的形成（Long，2002），进而推动公众和政府间的相互理解并促进政府做出更多对公众和社会有利的行政努力。

三、形成机理理论阐释

第一，行政努力和政府回应是公众对互动效能感知与评价的重要方面。行政努力是网络政民互动中政府组织面对公众关切的现实问题的实质性努力。从狭义上来看，政府回应是一种话语回复，其表现形式与公众网络表达相对应，是政府部门在网络平台上回复的话语及话语所表达的意思；从广义上来看，政府回应既包括政府部门通过网络平台的话语回复，也包括政府围绕相关话题所做的政策安排、行政行为。显然，话语的回复直接影响公众感知，会形成公众对政府回应的直观印象，政府网络表达的严谨性、全面性、及时性以及表达方式的选择等都是影响公众感知的重要因素。话语不仅反映主体的思想观念，还会形成和塑造主体的价值取向。因此，在网络政民互动中，通过在公开透明环境中与公众相对理性和客观地对话，有利于政府行政价值的实现。同时，公众为实现自身诉求，不仅要寻求政府组织的回复，还要以解决问题为导向，推动政府通过行政努力满足公众的需要或利益诉求。

网络政民互动的核心在于公众个体与政府组织围绕有关话题在某种情境下的交流与沟通，这种交流与沟通通过网络话语、主体行为和事件表现影响和塑造主体的情感、行为和认知。面对环境中出现的引发公众关切的事件和话题时，在网络表达前的信息收集和处理过程中公众会产生主观评价和判断。基于对话题情境和互动平台环境的认知，公众在网络表达过程中存在理性、知识和感性的取向。因此，在获得政府回应的过程中，公众不仅会从政府回应的文本或话语中强化自身的某种认知，还会观察、理解和评价其背后的行政努力，甚至对政府行政观念进行解读和评判，最终对政民互动综合效益形成主观判断。整个认知过程分为两个阶段，即网络表达之前，网络表达及互动过程。公众的参与意愿既受到网络表达之前公众对政府部门和平台环境判断的影响，也因政府表现而持续强化；网络表达及互动过程中公众感知的互动效能主要反映在公众对政府观念、行政努力和政府回应的看法上，其结果是公众感知满意度提高和感知绩效改进。

第二，公众通过感知偏差——诉求表达推动行政努力，进而影响互动效能。结合网络政民互动中公众参与动因的分析，网络政民互动既涉及线上的表达与回应，也涉及线下的努力与改进；既涉及公众的参与意愿和参与行为，也涉及政府组织的理政观念和政策方案。公众层面，在某种话题情境下，公众感知到公共服务绩效存在某种偏差，受个体需求驱动和个体特质、感知效用影响，公众进行网络诉求表达；政府组织通过行政努力和政府回应在一定程度上弥合服务偏差，进而实现互动效能及提高公众感知水平。政府层面，政府组织在某种价值观念的驱动下，搭建政民互动平台以利于公众参与；同时通过行政努力推动公众参与，最终实现互动效能，提高公众感知水平。

公众的参与动因和平台特征决定了政府组织解决现实问题的行政努力不仅要校正公众指称的公共服务偏差，还需要校正公众所感知的服务偏差。显然，这一过程中所需要的行政努力并不简单。从质量管理角度来看，弥补因质量缺陷所带来的不良影响和后果，往往比提供符合质量要求的产品和服务需要付出更多的资源与努力。为此，网络政民互动中的行政努力相比于日常管理而言，更需要具备创新思维和做法，需要在方案、流程和机制等层面进行思考与权衡。

第三，政府组织的观念与公众的参与意愿间长期而持续地相互作用。网络政民互动中，政府观念是指政府组织对公共事务的价值偏好、管理取向和责任界定。短期来看，政府观念是政府组织在公共行政过程中，在环境、资源、文化等因素共同影响和作用下形成的；长期来看，政府观念同时受到网络信息技术平台、外部舆论压力、公众价值偏好等潜移默化的影响。网络政民互动中，政府观念外化为政府的政策方案、行政行为和网络表达等，公众通过实际体验产生相关情绪反应、参与意愿和深层认知，并共同构筑公众对政府观念的感知。具体来看，公共价值是指公众认为政府在互动过程中应公开透明、公平公正，且行为符合规范；理政理念是指公众认为政府重视与公众沟通互动，有解决问题的意愿；政府责任是指政府能够主动思考、承担责任的价值体现。显然，政府观念不仅从根本上影响政府的实际绩效，而且在深层次影响公众的主观认知。

从政府层面来看，网络政民互动作为政府组织的网络民主举措，是在政府观念指引下规划和运营的，政民互动的平台环境是政府观念的反映。通过在线互动平台，公众参与受到关注范围、行为规范和知识信息等影响和塑造，譬如通过分析公众参与动因可知，公众会受到政府观念的影响；从公众网络表达可知，公众会因为平台环境更加理性并主动寻求相关知识，这些方面会潜移默化地影响公众的认知和行为。同时，公众的参与行为会对政府组织变革产生压力，形成变革的舆论和文化氛围；公众的表达行为通过网络文本，不断对法律、规则、政府职责、公共权利等公众价值进行强化，尤其是围绕具体话题和事件的理性表达。这些价值观更容易内化为政府组织的价值取向和追求，对政府的观念产生影响，进而影响行政努力和政府回应。

本章小结

本章主要探讨网络政民互动中公众的参与动因和网络表达，并构建公众感知互动效能的形成机理模型。扎根理论研究是本章开展研究及阐述的主要方法。为确保方法论的正确性和可靠性，在对扎根理论研究方法发展历程和要点进行深入梳理基础上，本章分析了运用扎根理论研究方法研究网络政民互动的必要性和可行性。按照扎根理论研究方法的步骤，展开深度访谈。为了使数据资料真实反映网络政民互动的情境，本书选择受访者的主要标准是受访对象曾利用网络政民互动平台表达诉求。访谈主要采用半结构化的方式，并充分考虑受访者的实际参与过程及体验。每次访谈结束后随即进行资料整理与编码，采访对象的数量以实现理论饱和为原则。在研究过程中，分别对网络政民互动的微观行为基础——公众参与动因和网络表达进行资料编码和理论阐释，深化对网络政民互动及公众网络参与本质的认识，揭示公众感知互动效能的构成要素及其相互关系，阐释网络政民互动效能的形成机理模型。相关研究和发现加深了对网络政民互动本质及公众与政府组织其中所扮演角色的理解。基本结论包括以下三点。

一、网络政民互动效能的基本逻辑

公众行为的动因及特征决定了网络民主倡议的本质与价值，扎根理论研究结果表明，在网络政民互动这一独特情境中，公众基于话题领域、平台环境、政府表现和个体特征等因素参与政民互动。其中，作为公众参与的核心动因，话题因素驱动个体基于其自身特征参与行为，平台环境和政府表现则起到支撑和调节作用。网络政民互动的展开、深入和效能的实现既受到公众行为及其特征的影响，也受到政府组织行为及其特征的影响，是公众与政府组织相互作用的结果。

网络政民互动因其平台所营造的主体平等、充分沟通和透明环境等，具有促进公众网络参与的独特潜质。相比于传统的政治参与形式，在网络政民互动中公众更倾向于围绕与其自身利益相关的特定话题积极参与，本质上是因为公众在这些话题领域感知到政府组织提供的公共服务与某种“服务标准”之间存在偏差而进行网络参与和诉求表达，这意味着网络政民互动中的公众参与是实现互动效能的一种重要且独特的内生因素。在此意义上，网络政民互动中的公众参与更加真实，更具有公共行政的理论价值和现实意蕴。由此，网络政民互动效能的基本逻辑可表述为感知绩效偏差是公众参与的核心动因，公众参与是互动效能实现的内生要素。

二、影响网络政民互动效能的关键因素

公众网络表达是公众行为及动机的外在反映，网络政民互动通过提供更加便利和开放的渠道促进公众意见表达，这种意见表达的价值既在于其以文本的形式呈载了主体的观点、态度和行为特征，也在于这种表达过程是一种行动反思的结果。网络政民互动中公众的网络表达具有理性、知识和感性取向，是互动效能实现的关键因素。其中，理性表达是良好对话和沟通的重要基础；相关知识是主体间讨论和协商的必要条件；感性表达和对话则有利于形塑主体间的信任。

由此，公众网络表达所形成的公共领域不应仅仅被理解为一种公共传播形式，而应尽可能将话语公共领域与决策领域结合起来。在实践中，这可以转化为更高质量的信息、更直接的沟通、更透明的管理。而且，在网络政民互动这种独特情境中，着眼于自身诉求的表达和利益的实现，公众在表达过程中会持续进行自我审视。政府组织在运用文本回应公众时，同样拥有反省自身的机会。伴随公众和政府组织间的这种表达和互动过程，表达文本的产生与应用在特定意义上意味着主体的生产与变化，通过文本和文本的产生过程以及主体良好的特质，主体行为对互动效能产生积极影响。

三、网络政民互动效能的形成过程

行政努力和政府回应是公众对互动效能感知与评价的重要方面。扎根理论研究结果表明，基于对话题情境和平台环境的认知，在网络表达过程中，公众不仅会通过政府回应的文本或话语形成或强化针对政府公共服务绩效的某种认知，还会观察、理解和评价其背后的行政努力，甚至对政府行政观念进行解读和评判，最终对政民互动综合效益产生主观判断。也就是说，在互动过程中公众感知的互动效能主要反映在公众对政府观念、行政努力和政府回应的看法上，结果是公众感知满意度的提升和感知绩效的改进。

互动效能是公众和政府良性互动的结果。公众参与通过感知偏差——诉求表达推动行政努力，进而影响互动效能。政府组织通过行政努力和回应弥合服务偏差，进而实现互动效能及提高公众感知水平。政府组织的观念与公众的参与意愿间长期而持续地相互作用并对互动效能产生影响。因此，互动效能既是公众网络参与潜能的实现及公众与政府间良性互动的结果，也是政府组织行政变革的过程，是在平台环境营造和系统设计规划基础上主体功能契合与行为模式协调的过程。

第四章

公众感知满意：互动效能的实证分析

网络政民互动效能的形成机理揭示了公众网络参与是互动效能实现的内生要素，政府观念、行政努力和政府回应是公众感知互动效能的构成要素。政府观念蕴含在行政努力和政府回应中，行政努力体现为基于绩效改进的政府回应，而政府回应的结果是公众感知满意，对公众感知满意的追求是提高网络政民互动效能的题中之义。如何利用政民互动数据对互动效能的核心议题——公众感知满意进行理论拓展，如何基于数据挖掘的技术方法对政民互动行为规律和公众感知满意进行有效分析？针对这些问题，本章以前述理论模型为基础，以知识发现和实践应用为取向，对相关理论框架进行量化实证分析，以验证网络政民互动效能的关键因素与公众感知满意之间的关系。

第一节　研究逻辑

在网络政民互动中，缘于既定的制度安排，政府组织的行为本质上是基于公众诉求而进行的行政努力和绩效改进。相对而言，政府组织的行为是可控的、可预期的，而公众网络参与则更具有创造性。在行政体系变革中，公众参与不仅是行政组织的目标追求，也是完善服务质量的重要途径（杨志荣，2015）。网络政民互动的潜能在于借由公众广泛而积极的网络参与，实现权力运作、责任承担、公众利益等一系列价值目标的追求。

政府透明和社会问责是网络政民互动的重要价值追求方向，良好的公共治理要求提高透明度和实行问责制，而提高透明度和实行问责制是发展中国家政府推动网络民主举措的原因（Chatfield et al.，2015）。因此，网络政民互动不仅是部署和实施新的网络信息系统，而且是旨在提高行政透明度、问责和社会治理水平，优化传统公共服务流程或在线服务渠道，以改善政府绩效，为公众创造新的公共价值（Wang et al.，2014）。也就是说，网络政民互动的价值追求为改进服务绩效。

对偏差的认知与理解是改进服务绩效的基础，偏差可理解为质量问题。公众期望高质量的公共服务，在线平台也不例外，诸如公众期望快速地回应、翔实地解答以及妥善地解决等。当公众把对公共服务的期望诉诸政府组织时，无论是基于传统的交互形式还是网络的交互方式，都需要不断评估交互的质量（Sá et al.，2016）。质量是产品或服务达到标准或期望的一系列状态，而标准或期望来自服务的使用者。也就是说，在质量管理视角下，政府组织提供的公共服务应当以公众期望为标准，以公众满意为追求。"服务质量"涵盖公众与组织间的交互经历及公众体验与公众期望间的差距，优质的在线服务可以扩大竞争优势，弥合这种差距，进而提高组织绩效和公众满意度（Alanezi et al.，2012），使公众更好地接受和支持政府的网络举措（Huai，2011）。无论是实际绩效、期望绩效还是绩效差距，服务绩效评估都是实现高质量服务水平的先决条件。

在公共服务绩效评估方面，存在两种不同路径：一种是以客观的绩效数据为核心，另一种是以公众评估为基础，由此带来了两种路径的比较和选择问题（李德国，2017）。一般来说，客观绩效数据适用于具有普遍标准的公共服务的评估，公众评估则适用于主观性、差异性和场景性的公共服务绩效及细节的评估与改进。基于现有认知，在线服务的质量可以从三个关键维度认识：可靠性，即政府组织以精确和可信的方式提供服务的能力；沟通，即公众能够通过多个沟通渠道轻松访问所有服务；响应性，即政府组织通过提供快速有效的服务来满足公众需求与期望的能力（Hien，2014）。显然，一方面，公众感知适用于网络政民互动所涉及公共服务绩效评估；另一方面，网络政民互动为公众感知政府组织公共服务的可靠性、改变与政府组织的沟通体验以及提高政府组织的响应能力提供了有利平台。这意味着，在地方政府层面，设计以公众参与为核心的网络平台对于提升公共服务绩效至关重要（Wirtz et al.，2015）。

从网络政民互动系统来看，公众参与、政府回应和感知满意更多体现于线上，而行政改革、政策实施、政府的能力和代表性等更多体现于线下；作为政府行政的主要关注点，二者密切相关（Baker et al.，2010）。对其内在联系的认识有助于实现公众线下感受和线上体验、政府组织线下努力和线上表现的统一，进而有助于全面、系统地规划实施网络政民互动实践。基于此，结合本书对互动效能的界定，作为一种综合效益，互动效能不仅关注短期的互动过程与结果，即政府回应和公众感知满意，而且关注较长期的互动过程与结果，即是否推动了行政能力与服务绩效的提升。

站在公众感知视角，本书将于第五章通过行政改进案例切入，探讨较长时期内，服务绩效的现实水平和结果是否随公众的网络参与和政府组织的实质改进得以提升；本章则以公众感知满意分析为切入点，探讨短期内与公众参与和政府回应有关的公众个体需求的满足程度。针对此问题，尽管国外存在少数针对电话和网页服务系统的研究（Wu et al.，2016），但是目前仍然缺乏基于统计或经验的严谨性理论模型结构（Morgeson et al.，2011）。在网络政民互动情境下，互动效能的关键因素——公众参与、政府回应与公众感知满意之间的确切联系还有待确认和理解。

第二节　研究框架

本书第三章所构建的互动效能形成机理模型明确了政府观念、行政努力和政府回应是互动效能的重要组成部分，确立了公众网络参与在互动效能形成中的关键作用。为了进一步验证形成机理模型的可操作化和短期内公众感知层面互动效能的产生要素——公众网络参与及政府回应与互动效能的结果——公众感知满意间的关系，搭建如下框架。

一、公众网络参与与感知满意

从静态视角来看，公众个体特征是考察其网络参与与感知满意关系的基本维度。公众网络参与是公众利用网络信息技术，与政府组织彼此联系、彼此影响的行为与过程。对公众个体来说，参与意愿是其参与行为的基础，是公众个体在网络参与中付出努力的积极程度。相对而言，现实的参与行为受到公众个体所处情境的影响，而参与意愿则更广泛、持续地影响公众的网络参与，并在网络政民互动及效能的形成过程中发挥着极其重要的作用。面对既定情境，较高的参与意愿显然伴随着较积极的参与行为，二者共同构成公众网络参与的认识基础。人口统计特征能够在一定限度上反映公众个体背景，进而影响其参与意愿。根据经验分析结果，年龄和性别两个人口统计学变量（Oni et al.，2017；Santhanamery et al.，2015）可以通过影响公众的参与积极性来影响公众参与的实际表现。同时，教育和收入也是显著影响公众使用网络平台的因素（Venkatesh et al.，2014；Ferber et al.，2007）。可见，人口统计因素主要是通过影响人们参与公共事务的技能影响公众网络参与，进而影响公众感知满意水平。

从动态视角来看，公众网络参与与感知满意间的关系体现在客观情景和主观态度两个方面，因为感知满意不仅仅是公众对地方政府工作的看法，还包含公众的偏好、需求和对地方政府能力的评估（Franklin et al.，2009）。从客观层面来看，沟通对于政府公共服务效率与质量的提升有积极影响（张廷君，2015）。如果公众可以通过网络政民互动平台积极而广泛地获取公共信息、参与公共事务，那么他们就会有更多机会直接向政府组织表达诉求和寻求帮助（Grisez Kweit et al.，2007）；而地方政府则可以有更多“额外”的机会采取针对性、个性化的策略来帮助公众解决问题，以提高公众对地方政府公共服务的评价，提升公众对政府提供服务的感知满意。从主观层面来看，公众网络参与可以有效增强公众对当地政府提供公共服务的能力与信心。如果公众对政府组织持积极态度，则可以有效减少公众的抱怨和抗争（Berman，1997），这意味着对地方政府的看法和态度是公众感知满意的重要体现。

二、政府网络回应与感知满意

一般来说，学者认为公共服务产出（即绩效）与服务结果（即满意度）存在正相关关系，在解释产出与结果间的关系时，满意度既是主观指标，又是重要的结果指标（徐艳晴等，2014）。公共服务绩效和水平是政府回应的基础，公众对政府部门行为的满意度是基于其对公共服务质量的体验和评估，公共服务绩效影响公众对当地政府部门行政努力的整体看法（Wisniewski，2001）。也就是说，公众对地方政府的看法和态度在解释其对当地公共服务和政府回应时的感知满意非常重要。如果公众对当地公共服务的数量和质量感到满意，其通常会对政府组织有更为乐观的看法，就会更乐意承担相应的公共责任（Collins et al.，2009）。

另外，在网络政民互动过程中，政府回应本身也是一种公共服务。如前所述，政府回应是政府组织为回应公众的诉求所做的包括倾听、解释、适应等行为。政府组织通过倾听公众的现实需求和具体关切，使公众感知到政府组织对其问题的重视和关切；而政府组织全面细致的解释可以减少公众的抱怨和困惑；政府有针对性的适应行为可以解决公众的具体问题。基于某种绩效标准和绩效改进的回应，不仅有利于强化公众对政府组织的理解，还有利于培养和维护公众的公共意识，以及形成和维持良好的政府形象，进而有效提升公众对政府组织的信任度和感知满意。

第三节　研究设计

在公众网络参与领域，以往研究多遵循理论假设—实证检验的“理论驱动”模式，而本书立足于网络政民互动情境，相关理论研究尚不能提供足够支撑，传统的调查方法也不能对政民互动行为进行准确把握。在“数据留痕”的网络时代，网络政民互动平台中的大量数据不仅能够全面、准确地反映主体行为及其特征，还可以通过深度挖掘数据对有关要素进行关系分析。基于大数据分析挖掘的相关关系可对因果概念进行重新刻画，这些相关性可以引导我们分析数据集之间、个体之间、人类群体之间的关系，以及信息自身的结构（米加宁等，2018），而相关分析的因果派生依据则构成了大数据分析的因果基础（王天思，2016）。在方法论层面，大数据与传统社会科学研究方法的深度融合助推测量模型和结构模型的有益结合，并成为新的生产和检验因果性理论或知识的方法路径（孟天广，2018）。由此，本书遵循数据探索推论——统计分析检验的“数据驱动”模式，着眼于互动效能的关键因素——公众感知满意的分析，基于数据的社会决策技术，获得有关社会治理规划的见解。具体从两方面进行分析：一是对公众参与、政府回应、公众评价等行为展开数据挖掘与探索；二是以公众感知满意的回归分析为基础，构建分析模型，验证本章假设，分析互动效能，归纳总结有效路径。

一、研究对象

网络问政实践广泛而深入地开展，为公众网络参与和政府网络民主提供了丰富而重要素材。根据研究问题，全面系统地观察网络问政中的政民互动行为，验证影响网络问政效果的因素，要求研究对象应具备以下特征和条件：一是网络政民互动平台具备较好的持续性和稳定性；二是可获取平台上的所有问政数据，而非选择性曝光数据；三是平台具有注册、发帖的验证手段，能够防止“注水”；四是平台具备公众满意度评价功能。相比较而言，“问政泸州”平台的实践和数据满足这些条件。

本书以该问政平台为案例研究对象之一，并通过爬虫程序采集了其“回音壁”版块（见图 4-1）2013—2017 年的全部发帖、回应和评价数据，共计 41633 条有效数据，问政数据按时间分布，如图 4-2 所示。总体来看，网络问政数量 2 月处于波谷、8 月升至波峰，呈周期性波动增长态势，其间未出现明显异常变化，这种连续性和增长性反映了该网络问政平台具备较为稳定的内在发展动力和适宜的外部发展环境。

图 4-1　泸州网络问政平台

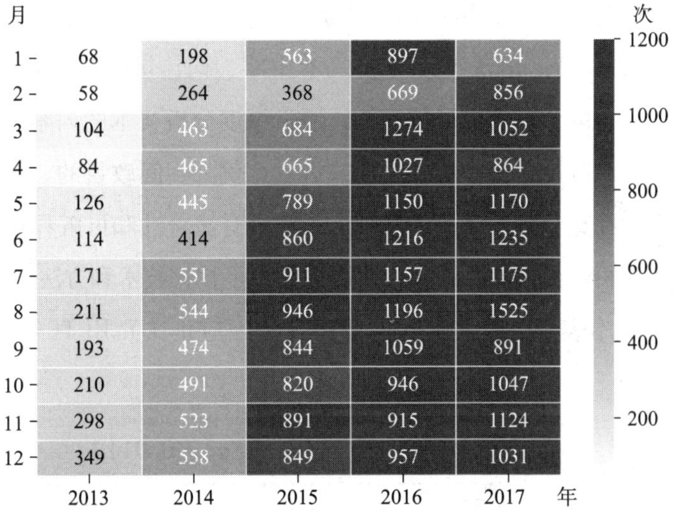

图 4-2　网络问政时间分布

二、数据处理

针对政民互动对公众感知满意的影响，结合网络问政平台的运作情况，本书在现有理论和实验数据基础上，通过非结构性数据、概念（变量）分析和探索性研究等，发现与描绘与网络政民互动中参与、回应、评价及满意度有关的行为特征，获得相关线索和规律，并在统计控制意义上检验和解释概念（变量）间因果关系（孟天广，2018），进行理论归纳和总结。为此，本章首先通过编程采集特定网络政民互动平台限定时间的所有数据，再对采集的数据进行预处理。通过文本分类、聚类和信息抽取形成政民互动行为和效果的观察维度，并进行相关性探索与推论。在此基础上，采用回归分析法对影响公众满意度的因素进行验证，总结理论发现并提出相应的策略。

本研究对象包含大量文本数据，文本不仅是具有内在生产力的语言，其本身也是情境（吉登斯，2015），承载着有关主体的特征、态度、行为和关系等重要信息（范并思，2012），通过对文本语言的分析可以推断文本使用者的思维和行为逻辑。本书分别从语法、语义和语用维度进行分析（沙勇忠等，2016）。语法维度分析文本中字、词、句的组合特征，例如，问政和回应文本的长度、句子特征等；语义维度分析文本的内容，例如，问政类别等；语用维度分析文本的功能或诉求，例如，问政目的、问政文本的情绪特征等。在充分数据实验的基础上，对具有显著性和可解释性的文本特征进行深入分析。具体而言，本书主要采用以下挖掘技术和方法。

其一，文本表示。长文本（问政正文和回应正文）用 TF-IDF 方法来度量词的权重

$$W(t, \overset{\omega}{d}) = \frac{tf(t, \overset{\omega}{d}) \times \log(N/n_t + 0.01)}{\sqrt{\sum_{t \in \overset{\omega}{d}} [tf(t, \overset{\omega}{d}) \times \log(N/n_t + 0.01)]^2}}$$

其中，$W(t, \overset{\omega}{d})$为词 t 在文本 $\overset{\omega}{d}$ 中的权重；$tf(t, \overset{\omega}{d})$为词 t 在文本 $\overset{\omega}{d}$ 中的词

频；N 为训练文本的总数；n_t 为训练文本集中出现 t 的文本数；分母为归一化因子。

根据实验结果选取合适的权重阈值；短文本（评价内容和问政标题）分词后先去掉停用词，做词性标注，再根据具体的自然语言处理（NLP）任务，选取合适词性，加载对应的人工词典进行补充特征选择。

其二，主题分类。在文本表示的基础上，本书在多个数据分析任务中使用了聚类和分类的文本挖掘方法。在数据探索初期，首先，利用文本聚类算法（Latent Dirichlet Allocation，即主题模型）得到数据的整体概览印象，结合笔者对该研究领域的理解和文献梳理设计分类表。其次，依据分类表和人工标注形成若干数据语料，用文本分类算法（K-Nearest Neighbor，即 K 最近邻；Decision Tree，即决策树）训练分类模型，再对数据进行分类。

该算法的基本思路：给定新文本后，考虑在训练文本集中与该新文本距离最近（最相似）的 K 份文本；根据 K 份文本所属的类别判定新文本所属的类别，具体算法步骤如下。

第一步：根据特征项集合重新描述训练文本向量。

第二步：在新文本到达后，根据特征词分词新文本，确定新文本的向量表示。

第三步：在训练文本集中选出与新文本最相似的 K 个文本，计算公式为

$$\mathrm{Sim}(d_i,\ d_j)=\frac{\sum_{k=1}^{M} W_{ik}\times W_{jk}}{\sqrt{\left(\sum_{k=1}^{M} W_{ik}^2\right)\left(\sum_{k=1}^{M} W_{jk}^2\right)}}$$

其中，K 值需要迭代实验最终确定。

第四步：在新文本的 K 个邻居中，依次计算每类的权重，计算公式如下

$$p(x,\ C_j)=\sum \mathrm{Sim}(x,\ d_i)y(d_i,\ c_j)$$

其中，x 为新文本的特征向量；$\mathrm{Sim}(x,\ d_i)$ 为相似度计算公式，与第四步

的计算公式相同；而 $y(d_i, C_j)$ 为类别属性函数，即如果 d_i 属于类 C_j，那么函数值为 1，否则为 0。

第五步：比较类的权重，将文本分到权重最大的类别中。

在此过程中，机器学习算法库均来源于 Scikit-learn（http：//scikit-learn.org/）和 Gensim（https：//radimrehurek.com/gensim/）。在分类过程中，加入了特征词（见表 4-1）、特征句式集以及回应部门等其他先验知识。为提升数据标注的工作效率，本书开发了具有一定通用性的数据标记程序（见图 4-3）。数据语料由笔者及其他三人进行交叉验证式标记，以提升标记的合理性和准确性，最终形成有效的机器学习训练集，实现对公众参与目的和话题类别的划分。

表 4-1　问政话题分类特征词

话题类型	分类特征词示例
住房建设	城市规划、拆迁、购房补贴、房产证、土地证、新房、预售等
道路交通	交通灯、停车站、修路、道路转向、围栏、洒水车、水泥路等
教育事业	分数线、招生、入学、入读、就读、读书、义务教育、幼儿园等
城乡环境	违建、防护、防盗、噪声、垃圾、臭气、尘土、太吵、脏乱差等
社会管理	停车费、乱收费、停车场、物业管理、物管公司、户口、转业等
社会保障	贫困补助、低保、养老保险、残疾人、扶贫、社保、残疾证等
职业就业	人才市场、职称、资格证、工资档案、公招、招聘、招录、药师等
公用事业	饮用水、自来水、天然气、停水、停电、停气、水质、电费等
医疗卫生	诊所、疫苗、预防针、120、药品、买药、医院、医德等
商业经营	工商注册、营业执照、审批、税务、养殖、明码标价等

图 4-3　数据标记程序界面

其三，信息抽取。对网络问政文本进行分析会遇到诸如句子结构式、专用术语及缩略形式，以及描述同一话题的多种句子结构等特殊问题，这些问题大大增加了分类的复杂性。信息抽取是自然语言处理的基本技术任务，只对某一领域数量有限的话题或关系进行抽取，并不需要每个句子都有完整的结构表示。它在一些场景既可以代替分类，也可以为分类提供更准确的语法特征，关键是设计抽取模式。抽取模式主要有两种设计方法：人工规则和机器学习。由于问政平台的专门性，且本研究对象所涉及的问题空间和数据规模并不大，抽取模式均采用人工规则方法。在设计规则时，使用类正则表达式进行描述，基本语素单位为词类，它既可以是一个词典，也可以是特定词性。

本书对反映公众问政情绪的符号特征、公众表达能力的语言逻辑特征、反映公众主观认知的文字信息特征等都采用以上方法进行提取和计算。为此，本书制作开发了针对网络问政文本中有关类别、符号、政策法规等的规则体系。为精确计算网络问政的回应时间，避免因默认工作日休假和默认休假日工作带来的误差，本书制作了整个问政数据时间范围内的实际工作日程表。

三、变量测量

1. 参与频次

公众的有效参与是网络政民互动的基础，参与范围和密度决定了参与的质量和意义，较高质量的问政能更好地反映网络环境下公众参与和政民互动的效果。在不同的网络政民互动平台，公众的参与频次有明显的差异，可以数据中问政者的 ID 字段作为数据线索，测量个体问政者的参与频次。

2. 参与诉求

在网络问政平台，每次问政都具有核心的诉求与取向。一般来说，主要包括咨询（政民双方信息不对称，其取向在于信息沟通），反映（对象事务不合理，需要及时解决矛盾冲突），投诉（对象主体或事务有违规，应诉诸惩罚或处理），建议（制度或政策有改进空间，应当实施某种变革）。在网络政民互动平台，咨询、反映、投诉和建议是基本的诉求取向。除此之外，在某些平台设置了更多的诉求取向类别，如求助、表扬等。

3. 参与话题

问政诉求都是围绕一个主要话题展开，话题标示着问政者的核心意见和关切，是问政主体交流和互动的基础。不同的平台环境话题并不一致，在泸州网络问政平台，话题划分为住房建设、道路交通、教育事业、城乡环境、社会管理、社会保障、职业就业、公用事业、医疗卫生、商业经营等十个类别。在本书第五章提及的成都网络理政平台，话题则分为市场监督、劳动保障、城乡住房交通管理、环境保护、公安政法、民政、城市管理、国土与拆迁安置、城市规划与建设等十个类别。

4. 文本长度

文本长度在一定程度上可反映问政话题的复杂程度或主体对话题的重视程度，问政的文本越长，公众反映的问题越复杂或者公众对反映的问题越重视；反之则相反。有研究发现，公众诉求的文本越长，政府回应其诉求的可能性越高（孟天广等，2015）。在本研究对象中，问政文本字符长度为 7 个至 6917 个，平均字符数为 147 个；政府组织回应文本字符长度为 8 个至 4764 个，平均字符数为 255 个。

5. 逻辑性

在汉语文本中，连词的基本功能是连接，介词的基本功能是引介，介词和连词的恰当使用能使句子之间的关系更明确，从而增强整句的逻辑性。由此，本书通过对问政文本中的连词和介词特征进行挖掘计量，测量公众表达的逻辑性。此外，复杂长句对强化语言文本本身的逻辑性和严谨性有很好的作用（黄河燕等，2002），但会受到主体对信息加工处理能力的影响和制约（邱小燕，2017），也就是说，句子越长越考验主体的表达和逻辑能力。由此，本书以问政者为单位进行文本句长统计，得出平均句长为4~75个字。

6. 理性取向

问政文本对政策法规的引用倾向可反映主体行为的理性和知识取向。文本分析结果显示，公众在问政内容中引用政策法规的比例较低，只占1.8%，即只有较少的公众利用政策法规与政府展开对话；而在政府组织对问政的回应中则有近20%引用政策法规，这说明政府在回应问政时具有较高的合规取向。在泸州网络问政平台，问政和回复中引用的法律政策如表4-2所示。

表4-2　泸州网络问政平台问政和回复中引用的法规政策

问政中引用的法规政策	回复中引用的法规政策
《泸州市进一步促进房地产业健康发展的实施办法》	《四川省人口与计划生育条例》
《四川省物业管理条例》	《机动车驾驶证申领和使用规定》
《中华人民共和国劳动合同法》	《房屋登记办法》
《不动产登记暂行条例》	《四川省物业管理条例》
《四川省人口与计划生育条例》	《泸州市进一步促进房地产业健康发展的实施办法》
《泸州市关于进一步落实涉企政策稳定经济增长的意见》	《泸州市公安局户籍业务管理规范》
《泸州市关于规范住宅物业服务收费管理有关事项的通知》	《中华人民共和国退役士兵安置条例》
《泸州市违法建设治理条例》	《不动产登记暂行条例实施细则》

注：以上法律政策均以引用次数降序排列。

7. 情感取向

情感分析是文本挖掘的基本方法，但缘于网络问政中文本的特殊性，传统的情感分析方法无法准确区分情感的时空维度和主客体对象。有研究表明，在线文本环境可使用“!”“!!”“?”“??”等标点符号分析主体情感，尤其是重复的标点符号。有证据表明，当使用者情绪激动时更有可能使用重复符号进行表达（Kalman et al.，2010）。基于这种支配整个句子情感意义的简化假设，可不对文本中的情绪做进一步分析（Neviarouskaya et al.，2007）。由此，本书对反映公众情绪的符号特征进行计量分析。

8. 回应效率

公众问政的目的是得到政府的回应，政府回应是公众权利实现的保障。为探索政府回应效率和公众满意度间的关系，本书精确计算了每条问政的回应时间。为避免因默认工作日休假和默认休假日工作带来的误差，本书制作了问政数据时间范围内的实际工作日程表。

本章涉及多种不同类型的变量和观测维度，各个变量在案例数据中相应的线索、挖掘方法、需要的辅助资料等具体测量途径见表 4-3。

表 4-3　变量测量的方法与途径

观测维度	数据线索	挖掘方法	辅助资料
参与频次	用户 ID	统计	无
评价行为	评价字段	统计	无
话题类别	问政内容	文本分类	特征词表、特征句式集（自主开发）
参与诉求	问政标题	文本分类	特征词表、特征句式集（自主开发）
问政情绪	问政内容	信息抽取	无
引用政策	问政内容	信息抽取	特征集（自主开发）
文本长度	问政内容	统计	无
文本逻辑	问政内容	信息抽取	中文词典
句子长度	问政内容	统计	无
回应时间	时间字段	统计	实际工作日程表（自主开发）

第四节　政民互动总体刻画

一、公众参与行为分析

公众的有效参与是网络政民互动的基础，参与范围和密度决定了问政的质量和意义，较高质量的问政能更好地反映网络环境下公众参与政民互动的效果。总体来看，在本研究对象中参与频次超过 10 次的有 6082 人，人均参与频次呈现典型的幂率分布（见图 4-4），即绝大多数个体的参与频次很低。这说明公众在参与网络问政时是独立思考的理性行为者，问政平台反映公众参与行为的数据准确性较高。

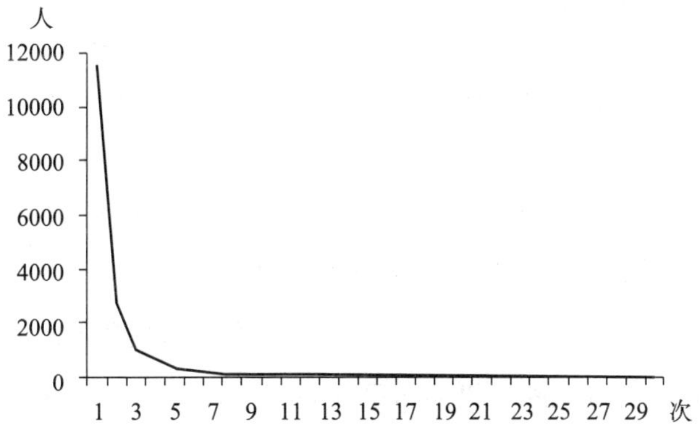

图 4-4　网络问政人均参与频次

社会阶层和身份属性是网络问政参与者的重要特征。本书根据问政者所在区域信息，进一步获得问政者的区域经济状况。通过对问政者参与频次和地区经济发展水平的关联分析，发现问政者，参与频次与其所在地区经济发展水平呈正相关关系（见图 4-5）。这在一定程度上印证和拓展了国外有关具备中产阶级身份特征网络参与主体的研究成果（Carman，2012；Lindner et al.，2011），并为研究中国情境下的网络参与提供了实证依据。

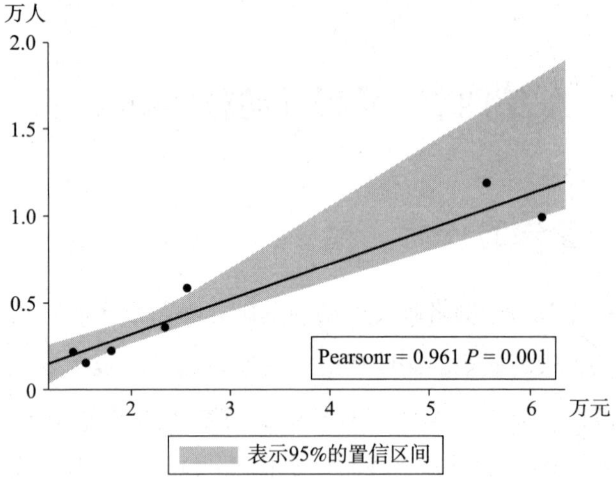

图 4-5　问政者参与频次与人均国内生产总值的相关性

二、公众诉求话题分析

本书通过文本特征词和特征句法识别案例中的问政诉求与取向。其中，咨询类占比最高为64%，反映、投诉和建议类问政占比分别为18%、3%和4%。同时，本书分析了每个问政者再次参与诉求的比例，具体如表4-4所示。初次咨询、反映、投诉和建议的问政者再次参与的分别有79%、49%、52%、53%，相对而言，初次咨询的问政者再次参与时更倾向于咨询。同样，初次反映、投诉和建议的问政者再次参与时也分别倾向于反映、投诉和建议。由此可知，网络问政公众的再次参与诉求倾向有明显的依从性。

表 4-4　公众再次参与网络问政诉求的比例

初次参与	再次参与（%）			
	咨询	反映	投诉	建议
咨询	79	14	1	5
反映	49	40	3	8
投诉	52	31	12	6
建议	53	21	2	23

此外，问政诉求都是围绕一个主要话题展开，话题标示了问政者的核心意见和关切，是问政主体交流和互动的基础。问政话题在不同的平台环境中有所不同，为有利于研究的开展，本书参考平台设计及相关研究，通过人工标注和机器学习将考察期内的话题划分为城乡环境、道路交通、公用事业、教育事业、商业经营、社会保障、社会管理、医疗卫生、职业就业、住房建设等十类。通过主题河演化验证分析，该类别划分具备较好的稳定性和合理性，具体如图 4-6 所示。

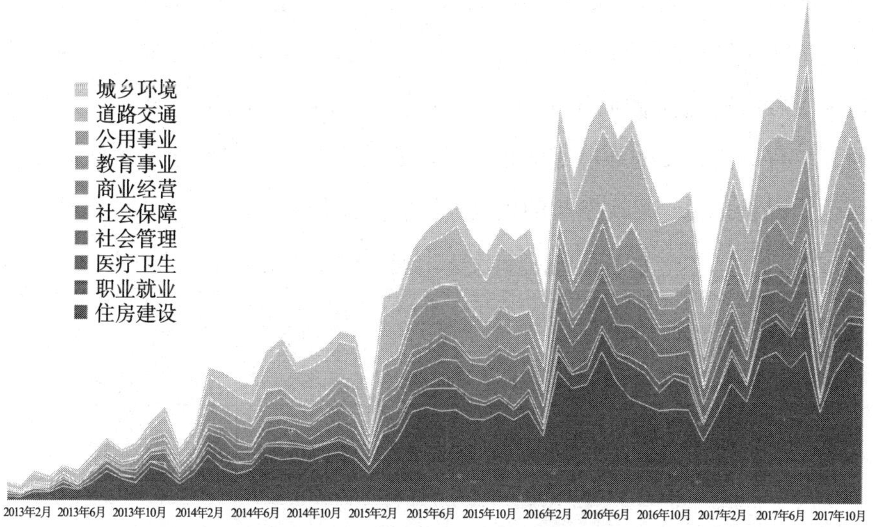

图 4-6　问政话题分布与时序变化

在泸州网络问政平台，住房建设、道路交通、教育事业等是主要话题，如表 4-5 所示。国外相关研究发现，公众不喜欢就营销宣传类型的内容与政府展开互动，而最具吸引力的主题是公共交通、住房、公共工程与城市规划等（Bonsón et al. , 2015），也就是说，直接影响公众生活或与个人利益密切相关的市政管理问题是最重要的沟通话题（Johannessen et al. , 2012）。

表 4-5　公众网络问政的话题类别

指标	住房建设	道路交通	教育事业	城乡环境	社会管理	社会保障
问政量（次）	11618	8132	3452	3085	2863	2302
百分比	27.9	19.53	8.29	7.41	6.87	5.52
指标	职业就业	公用事业	医疗卫生	商业经营	其他	
问政量（次）	2271	1788	204	1084	4349	
百分比	5.45	4.29	2.6	1.64	10.68	

同时，本书考察了每个问政者再次参与的话题比例，如表 4-6 所示。相对于初次参与时关注其他话题的问政者来说，初次关注住房建设的问政者再次参与时仍然倾向于关注住房建设。同样，初次参与时关注道路交通、教育事业、城乡环境等话题的问政者再次参与时也倾向于关注同样的话题。也就是说，再次参与的话题类别有显著依从性。

表 4-6　公众再次参与网络问政的话题比例

初次参与	再次参与（%）									
	住房建设	道路交通	教育事业	城乡环境	社会管理	社会保障	职业就业	公用事业	医疗卫生	商业经营
住房建设	50	15	6	6	6	5	5	4	1	2
道路交通	25	40	5	8	5	4	5	5	1	2
教育事业	26	14	28	6	8	5	8	3	2	1
城乡环境	22	19	5	31	7	3	4	5	1	2
社会管理	28	16	8	8	18	7	5	5	2	2
社会保障	25	16	6	3	9	23	8	6	2	2
职业就业	26	14	7	7	8	6	25	3	2	2
公用事业	24	19	6	9	8	6	7	21	1	1
医疗卫生	24	12	7	5	13	6	11	4	17	1
商业经营	25	17	7	9	8	5	7	4	1	18

为把握问政事项的核心特征，发现其变化规律，可对本案例的十个话

题进一步归类，如医疗卫生、公用事业、教育事业，无论是从公民需求还是治理取向来看都属于社会的“基础性问题”；职业就业、社会保障则是体现于政策层面的“保障性问题”；社会管理、住房建设、城乡环境、道路交通、商业经营是由经济与社会领域的结构失衡带来的“发展性问题”。话题性质和类别共同构成了公众网络问政的具体情境，其变化趋势如图 4-7 所示。可以看出，网络问政平台涉及各种发展性问题，尽管总体上各种诉求和类别的问政增速趋缓，但反映发展性问题的问政仍快速增长。这反映了公众诉求的不断升级，以及社会治理发展所面临的具体情境和压力。

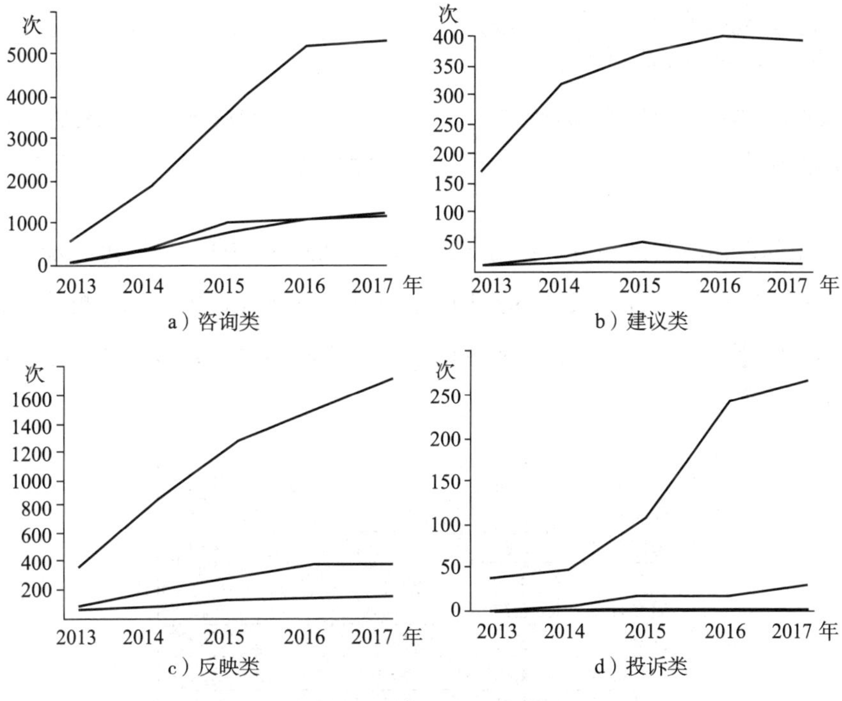

图 4-7 公众网络问政性质和类别的变化趋势

注：三条曲线从上到下分别为发展性问题、基础性问题和保障性问题。

三、政府部门回应分析

话题类别层面，道路交通、城乡环境、公用事业等话题的平均回应时间最长，医疗卫生、教育事业、社会保障等话题的平均回应时间最短。诉求目的层面，以投诉为目的问政回应时间最长，而以咨询为目的问政回应时间最短。不同问政类别话题和诉求目的平均回应时间如图 4-8、图 4-9 所示。

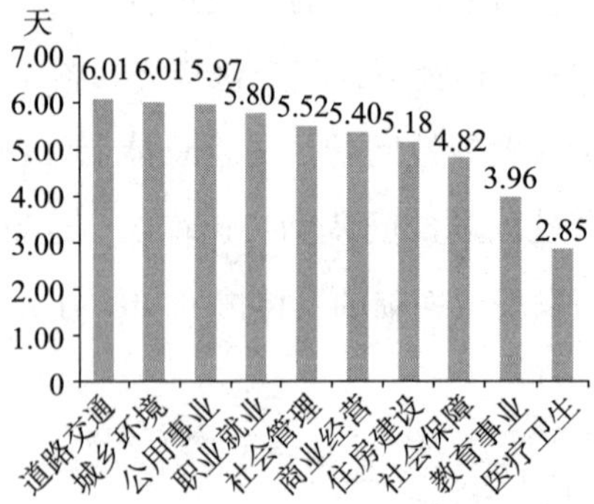

图 4-8　不同问政话题类别政府的平均回应时间

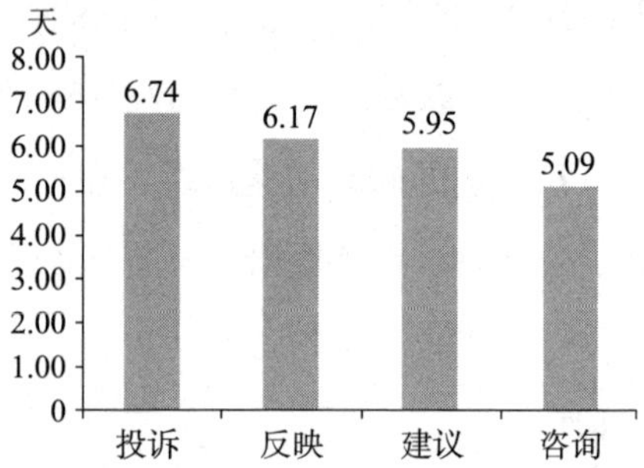

图 4-9　不同问政诉求目的政府的平均回应时间

由问政话题类别和诉求目的交叉分析（见图 4-10），可以进一步发现不同诉求目的中，咨询城乡环境类问题、反映商业经营类问题、投诉道路交通类问题和建议商业经营类问题的平均回应时间最长，这反映了这些问题的复杂性。

问题类型	咨询	反映	投诉	建议
住房建设	5.00	6.39	6.49	5.14
道路交通	5.88	6.35	8.35	6.39
教育事业	3.76	4.90	6.57	5.86
城乡环境	6.77	5.91	6.48	5.18
社会管理	5.11	6.74	7.10	6.88
社会保障	4.83	5.04	4.20	5.44
职业就业	5.85	5.83	4.55	5.63
公用事业	5.49	6.56	5.57	4.67
医疗卫生	2.72	3.34	5.56	2.20
商业经营	4.78	6.72	6.24	16.35

图 4-10　不同问政话题类别与诉求目的的回应时间（单位：天）

为了探究政府部门回应的内在规律，本书分析了问政次数和问政回应时间的变化趋势（见图 4-11）。从两者的变化趋势可见，问政次数与回应时间无显著关联，即政府部门在回应公众诉求时，并不会因为公众问政次数增多而延长回应时间，也就是说，尚不存在资源瓶颈的问题。同时，从时序变化来看，政府部门的回应时间总体上有增加的趋势，且在 2014 年 7 月前后发生较大变化。就此进一步调研发现，造成这种现象的直接原因是该问政平台在 2014 年 7 月增加了“问政受理”环节。可见，除了问政的话题类别和诉求目的，政府部门的回应时间还会受到回应流程和制度的影响。增加“问政受理”环节，一方面与问政数量持续增长、问政处理流程优化等“技术因素”有关；另一方面是因为问政平台的开放性带来的社会舆论影响使政府部门越来越重视，在回应公众诉求时更加审慎。

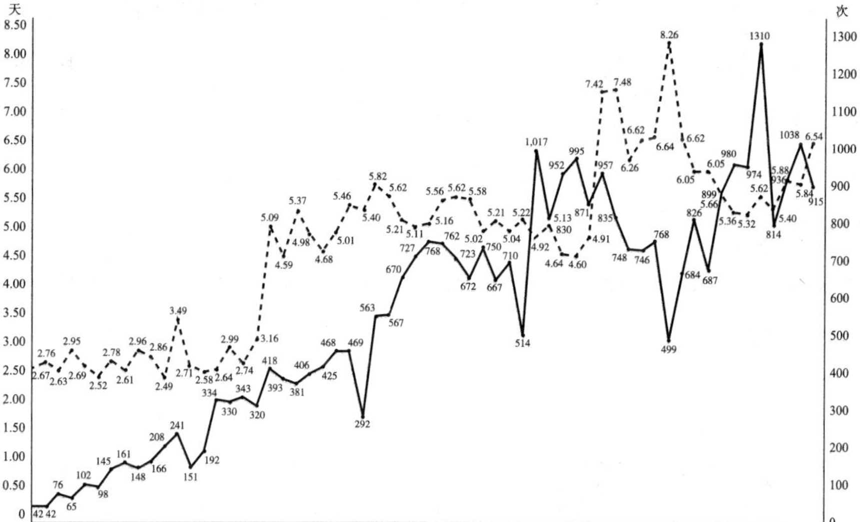

图 4-11　公众问政频次与政府回应时间的时序变化

第五节　公众评价行为分析

一、公众评价行为的总体分析

政民互动的深化和公众参与及效果的实现有赖于公众的进一步反馈，因此评价反馈是公众和政府相互作用的重要环节。公众通过评价反馈对回应内容和方式表达意见；政府则可以从评价反馈中获得行为激励和行政改进方向。现有研究所涉及的对象对公共服务系统中主体的相互作用没有显著评价（Wirtz et al.，2015）。泸州网络问政平台提供了较为正式和规范的公众评价功能，虽然这种评价功能在“12345”等电话问政系统中很常见，但与电话问政系统中的人工回访不同，这种评价反馈更加依赖于问政者的参与，评价本身就是一种比参与更深入、更有意义的行为。结果显示，泸州网络问政平台公众的总体评价率为28%，自2014年8月平台的评价功能开始运作至2017年12月，评价比例有不断减小的趋势，具体如图4-12所示。

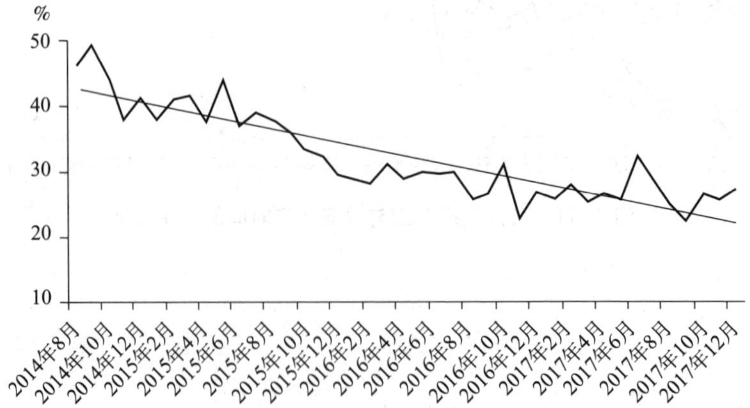

图4-12　泸州网络问政平台公众评价比例的时序变化

基于网络问政平台参与用户典型的幂率特征，参与频次越高数据越稀疏，代表性越差。本书通过分析参与频次为 2~10 次的问政者的评价比例发现，网络问政中公众是否进行评价反馈与其参与频次呈正相关（见图 4-13）。这说明评价意愿和参与频次可以共同作为具有公共精神、积极参与公共事务公众的核心行为特征。

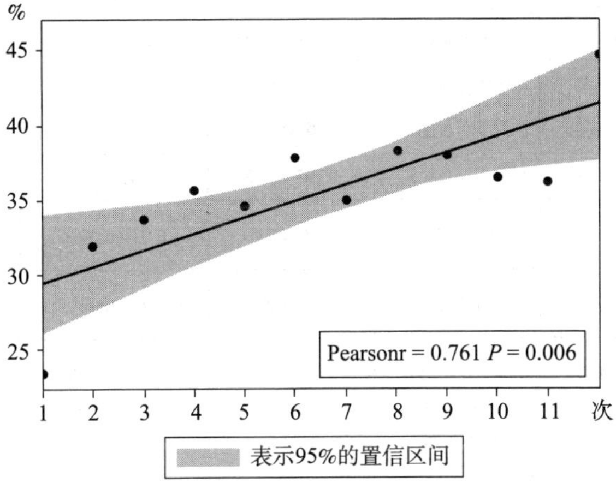

图 4-13　网络问政公众参与频次与评价比例的相关性

二、公众评价行为的影响分析

为进一步探讨公众网络参与的本质，有必要了解公众评价的因果机制。基于以上数据，本书采用 Logistic 回归在统计控制基础上考察公众的行为特征、诉求话题和时空因素对公众评价意愿的影响。模型的因变量是公众是否评价，采取 0—1 测量。模型一是基准模型，只纳入年份和所在地区；模型二纳入了公众诉求的话题和取向，考察公众关注的公共服务情境的影响；模型三增加了公众行为的感性特征，考察公众心理态度对评价意愿的影响；模型四纳入了公众行为的理性特征；模型五纳入了公众和政府的外显行为对评价意愿的影响。Logistic 回归结果如表 4-7 所示。

表 4-7　公众评价的解释模型：基于 Logistic 回归①

变量		模型一	模型二	模型三	模型四	模型五
年份	2016	-0.464(0.03)***	-0.471(0.03)***	-0.468(0.03)***	-0.459(0.031)***	-0.44(0.031)***
	2017	-0.556(0.03)***	-0.565(0.031)***	-0.558(0.031)***	-0.548(0.031)***	-0.49(0.031)***
问政地区	江阳	-0.026(0.035)	-0.025(0.037)	-0.024(0.037)	-0.018(0.037)	-0.02(0.037)
	纳溪	0.004(0.048)	0.001(0.049)	0.005(0.049)	7.6E-05(0.049)	-0.109(0.05)**
	合江	-0.002(0.056)	-0.009(0.057)	-0.003(0.057)	-0.019(0.057)	0.045(0.058)
	泸县	-0.024(0.042)	-0.038(0.043)	-0.038(0.043)	-0.047(0.044)	0.051(0.044)
	龙马潭	-0.106(0.042)**	-0.105(0.043)**	-0.104(0.043)**	-0.092(0.043)**	-0.096(0.043)**
	叙永	-0.062(0.062)	-0.079(0.063)	-0.081(0.063)	-0.096(0.063)	-0.105(0.064)*
	古蔺县	-0.048(0.067)	-0.064(0.068)	-0.047(0.068)	-0.08(0.069)	0.042(0.069)
话题类别	住房建设		0.022(0.045)	0.026(0.045)	0.042(0.046)	0.038(0.046)
	道路交通		-0.124(0.049)**	-0.12(0.049)**	-0.106(0.049)***	-0.087(0.049)*
	教育事业		-0.066(0.058)	-0.055(0.058)	-0.044(0.058)	-0.067(0.059)
	城乡环境		0.042(0.062)	0.037(0.062)	0.07(0.062)	0.054(0.063)
	社会管理		-0.056(0.06)	-0.051(0.06)	-0.059(0.061)	-0.04(0.061)
	社会保障		0.204(0.063)***	0.216(0.063)***	0.209(0.063)***	0.198(0.064)***
	职业就业		0.117(0.065)*	0.126(0.065)*	0.13(0.065)**	0.183(0.066)***
	公用事业		0.039(0.07)	0.047(0.071)	0.065(0.071)	0.081(0.071)
	医疗卫生		0.472(0.103)***	0.474(0.103)***	0.488(0.103)***	0.404(0.104)***
	商业经营		0.087(0.084)	0.097(0.084)	0.099(0.084)	0.095(0.084)
问政目的	咨询		-0.116(0.043)***	-0.111(0.043)***	-0.063(0.043)	-0.087(0.044)***
	反映		-0.065(0.051)	-0.066(0.051)	-0.085(0.051)*	-0.065(0.051)
	投诉		-0.011(0.091)	-0.014(0.091)	-0.062(0.092)	-0.008(0.093)
	建议		0.095(0.071)	0.089(0.071)	0.083(0.071)	-0.009(0.072)

① 每个发帖及回复为一条数据，总数为 41633 条，开通公众评价功能后为 31521 条。

续表

变量		模型一	模型二	模型三	模型四	模型五
数据性质	是否实名			-0.158(0.031)***	-0.152(0.031)***	-0.115(0.031)
	问政情绪			0.132(0.078)*	0.075(0.078)	0.08(0.079)
	句子长度				-0.017(0.004)***	-0.015(0.005)***
	问政长度				2.3E-04(1.2E-04)***	0.000304(1.2E-04)***
	问政制度				0.115(0.09)	0.132(0.091)
	问政逻辑				0.001(3.2E-04)***	0.002(3.3E-04)***
	问政次数					0.019(0.001)***
	回复天数					-0.041(0.003)***
	带量	-0.331(0.027)***	-0.245(0.059)***	-0.23(0.06)***	-0.197(0.079)***	-0.163(0.082)***
	观察数据	31521	31521	31521	31521	31521
	拟合度	0.017	0.021	0.022	0.026	0.043

注：*** $p<0.01$，** $p<0.05$，* $p<0.1$。

本书研究了公众评价的时间变化和空间差异。泸州网络问政平台在2014年开通了满意度评价功能，公众的评价意愿自2015年以来逐年下降。从地区层面来看，人均收入最高的龙马潭区公众的评价意愿最低。模型二检验了公众的诉求话题和目的对其评价意愿的影响。从回归结果来看，道路交通类话题公众较不愿进行评价，而社会保障、职业就业、医疗卫生类话题较易得到公众的评价。相比较而言，能够得到公众在线评价的话题往往与公众个体利益更为密切，且在短期内能够得以解决。从诉求目的来看，咨询类话题更易得到公众的反馈。模型三加入反映公众参与行为特征的“是否实名”和问政时是否带有强烈的情绪，结果显示两者分别对公众评价有负向和正向影响；但在模型四和模型五分别加入公众行为的理性特征、参与次数和政府回应时间后，其影响不再显著。这表明网络问政中，问政文本越长、越有条理的公众越愿意评价，公众对其问政行为越重视，越期待相关问题得以解决。问政次数越多的公众越愿意评价，结合前文公众参与和公众评价的相关分析，可以得出政府组织对公众诉求的回应效率也是影响公众参与的重要因素。同时，政府的回应时间对公众的评价意愿有显著的负向影响，即公众对相关问题的耐心和热情随时间的推移不断衰减。

第六节　公众感知满意度分析

一、相关分析

公众感知满意是政民互动的结果，在很大程度上会影响良好政民关系的构建及政府组织的理政绩效。在本研究对象中，公众的总体感知满意度为 81.73%，并随时序变化不断提升（见图 4-14）。为发现更多可靠线索和科学依据，本书利用大数据文本挖掘的方法从以下方面分析微观层面政民互动的行为特征。

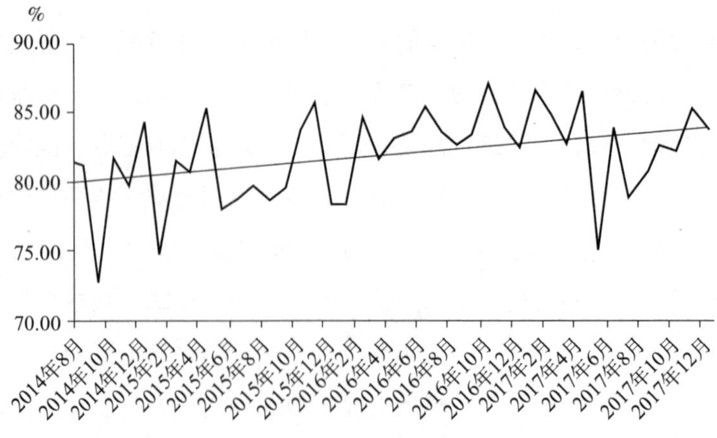

图 4-14　公众感知满意度的时序变化

（1）参与主体的文本表达

文本长度能在一定程度上反映问政话题的严重程度或主体对话题的重视程度。本书通过核密度估计（Kernel Density Estimation）探索文本长度与满意度间的关系，发现问政文本长度与公众满意度呈负相关，即问政文本越短，公众越易满意；反之则相反，具体如图 4-15 所示。

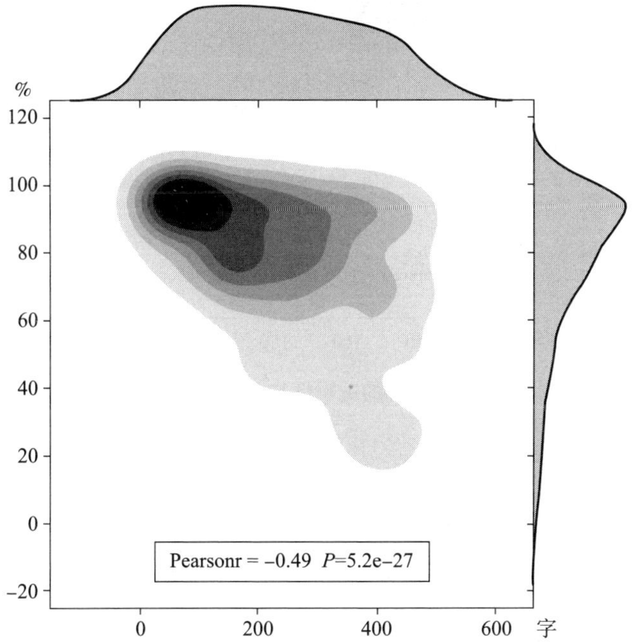

图 4-15　问政文本长度与公众满意度联合分布

（2）公众参与行为的逻辑性

文本逻辑性是主体表达和逻辑思维能力的反映，本书通过核密度估计探索文本逻辑性与满意度间的关系，发现问政文本的逻辑性与公众满意度呈负相关，具体如图 4-16 所示。

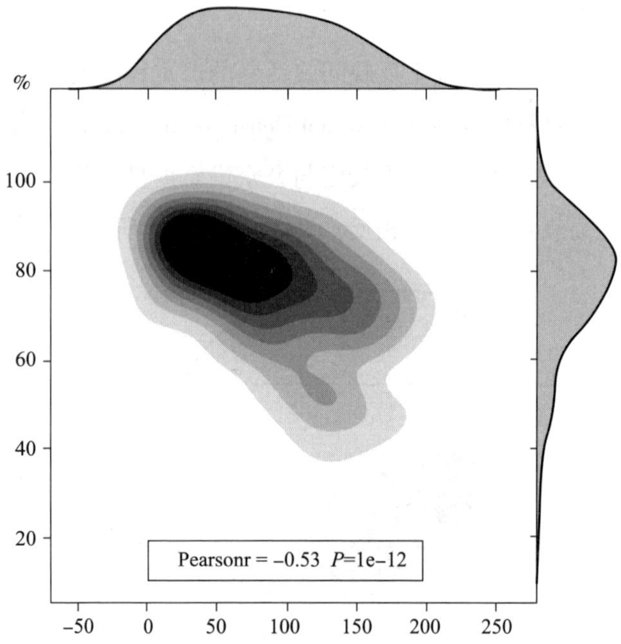

图 4-16　问政文本的逻辑性与公众满意度联合分布

（3）主体行为的理性取向

研究发现，问政内容中引用或不引用政策法规的公众，其满意度分别为 83%和 68%。这说明问政内容是否引用政策法规与公众满意度有一定相关性；通过进一步分析发现，回应内容是否引用政策法规与公众满意度没有明显关系。

（4）公众的情感诉求

针对政府社交媒体的研究发现，女性贡献并获得比男性更多的积极评价（Thelwall et al.，2010）；同时，活跃用户比不太活跃用户更有可能留下积极的评论（Park et al.，2011）。笔者通过研究发现，情绪平和的问政者对问政不满意的比例为 18%，而带有强烈情绪的问政者对问政不满意的比例为 26%。

（5）政府组织的回应效率

研究发现，政府回应时间越短，公众满意度越高；政府回应时间越长，公众满意度越低（见图 4-17），这有效印证和拓展了现有理论研究（邵梓捷等，2020）对政府回应效率的关注。

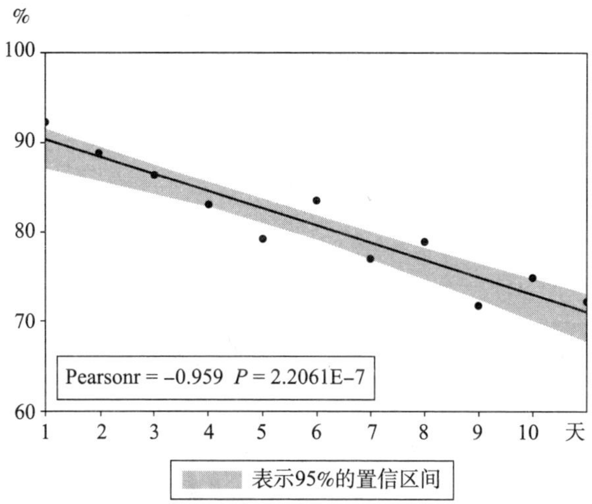

图 4-17　政府回应时间与公众满意度的相关性

本书对收集的满意评价文本数据进行了词云分析。结果显示，首先，出现频率最高的词汇是涉及政府回应效率的词汇，如“及时”“处理快”等；其次，反映政府回应态度的词汇，包括“态度”“耐心”“热情”等；再次，描述政府回应方式的词汇，如“电话”等；最后，反映政府回应内容的词汇，如“具体”“客观”“翔实”等（见图 4-18）。

图 4-18　公众对政府回应满意评价的词云分析

同时，本书对收集的不满意评价文本数据进行了词云分析。结果显示，首先，出现频率最高的词汇是涉及政府回应文本和问题解决的词汇，如“回复”“问题”“解决”等；其次，反映主客体关系的词汇，包括“领导”“业主”“老百姓”等，再次，描述政府解决问题方式的词汇，如“处理”“调查”“电话”等；最后，反映公众价值观念的词汇，如“规定”“责任”等（见图 4-19）。

图 4-19　公众对政府回应不满意评价的词云分析

二、回归分析

为进一步验证以上探索与推论，考察公众感知满意的因果机制，基于上文数据，本书采用 Logistic 回归在统计控制基础上，考察时空、诉求话题、公众的行为特征和政府行为等因素对公众评价意愿的影响。模型一纳入了问政年份、话题类别、问政目的等时间和话题因素变量；模型二纳入了问政情绪、是否真名等公众的感性取向变量；模型三纳入了问政引用政策法规、回应引用政策法规等互动行为参与规则取向的变量；模型四纳入了问政文本长度、回应文本长度、问政逻辑性、问政句长等反映理性取向的变量；模型五纳入了公众和政府的外显行为，即问政次数和回应时间对公众感知满意度的影响，Logistic 回归结果如表 4-8 所示。

表 4-8　公众满意度的解释模型：基于 Logistic 回归①

	变量	模型一	模型二	模型三	模型四	模型五
年份	2016	0.305（0.09）***	0.302（0.09）***	0.300（0.09）***	0.213（0.092）**	0.246（0.093）***
	2017	0.239（0.09）***	0.234（0.09）***	0.229（0.09）**	0.156（0.093）*	0.222（0.093）**
话题类别	住房建设	0.138（0.087）	0.137（0.087）	0.138（0.087）	0.054（0.089）	0.035（0.090）
	道路交通	0.234（0.092）**	0.231（0.092）**	0.212（0.092）**	0.147（0.094）	0.177（0.095）*
	教育事业	0.452（0.122）***	0.453（0.121）***	0.446（0.123）***	0.380（0.125）***	0.310（0.126）**
	城乡环境	-0.048（0.106）	-0.046（0.106）	-0.062（0.106）	-0.209（0.108）*	-0.216（0.109）**
	社会管理	0.228（0.120）*	0.227（0.121）*	0.247（0.122）**	0.182（0.125）	0.159（0.125）
	社会保障	0.227（0.129）*	0.232（0.129）*	0.233（0.129）*	0.242（0.132）*	0.194（0.132）
	职业就业	1.51（0.192）***	1.50（0.192）***	1.507（0.192）***	1.460（0.195）***	1.485（0.196）***
	公用事业	0.097（0.132）	0.103（0.132）	0.082（0.132）	0.036（0.135）	0.027（0.135）
	医疗卫生	1.391（0.320）***	1.39（0.320）***	1.403（0.321）***	1.252（0.323）***	1.083（0.323）***
	商业经营	0.52（0.179）***	0.511（0.179）***	0.532（0.180）***	0.474（0.182）***	0.432（0.184）**
问政目的	咨询	0.783（0.084）***	0.775（0.084）***	0.764（0.084）***	0.588（0.086）***	0.573（0.087）***
	反映	-0.597（0.090）***	-0.604（0.090）***	-0.604（0.091）***	-0.557（0.092）***	-0.530（0.093）***
	投诉	-0.906（0.151）***	-0.921（0.151）***	-0.921（0.151）***	-0.798（0.155）***	-0.728（0.156）***
	建议	0.283（0.133）**	0.273（0.133）**	0.255（0.133）*	0.291（0.136）**	0.301（0.137）**
数据性质	问政情绪		-0.459（0.138）***	-0.460（0.139）***	-0.266（0.144）*	-0.254（0.145）*
	是否实名			-0.005（0.068）	-0.018（0.069）	-0.023（0.070）
	问政引用制度			-0.783（0.147）***	-0.258（0.162）	-0.240（0.163）
	回应引用制度			-0.021（0.068）	0.066（0.072）	0.068（0.073）
	问政文本长度				-0.001（2.01E-04）***	-0.001（2.01E-04）***
	回应文本长度				2.71E-04（1.12E-04）**	2.31E-04（1.13E-04）**
	问政逻辑性				-0.002（0.001）***	-0.002（0.001）***
	句子长度				-0.021（0.01）**	-0.022（0.01）**
	参与频次					0.001（0.002）
	回应时间					-0.057（0.006）***
	带量	0.817（0.121）***	0.843（0.122）***	0.882（0.123）***	1.72（0.173）***	1.987（0.178）***
	观察数据	11450	11450	11450	11450	11450
	拟合度	0.124	0.126	0.129	0.156	0.167

注：*** $p<0.01$，** $p<0.05$，* $p<0.1$

① 每个发帖及回复为一条数据，总数为 41633 条，公众评价数为 11450 条。

首先，从时间层面来看，结果显示，相对于2014年，2016年和2017年公众满意度显著提升。住房建设和公用事业类话题与公众满意度没有相关性；道路交通、教育事业、职业就业、医疗卫生、商业经营等话题较易得到公众的满意评价；社会管理和社会保障类话题在分别引入文本长度、问政逻辑性和回应时间后对公众满意度的影响不再显著；而城乡环境类话题则显著负向影响公众满意度。结合公众评价的回归结果，即在职业就业、医疗卫生类话题情境下，公众不仅愿意评价而且倾向于满意，较易形成良性的政民互动关系。

其次，在公众诉求目的方面，公众对咨询类和建议类话题互动的结果更加满意，而对反映和投诉类话题的互动结果不满意。结合公众评价的回归结果，即咨询类话题更易得到公众的反馈，反映和投诉类话题因政府回应速度较慢对公众反馈意愿产生负向影响。结果可能是，咨询类话题公众更愿评价且更易满意，而反映和投诉类话题公众不满意且不愿反馈。由此可能会给网络政民互动平台带来功能极化的影响，即在同等条件下，公众可能更愿意利用网络政民互动平台来咨询而不是达成其他目标。

最后，问政情绪、问政文本长度、回应文本长度、问政逻辑性、句子长度和回应时间均是公众满意度的解释变量，“问政引用政策法规”在引入问政表达的复杂性和逻辑性后对公众满意度的影响不再显著。这些发现验证了上文基于数据挖掘对政民互动行为与公众满意度关系的探索与推论，丰富了现有研究对政民互动行为与公众感知满意间关系的认识。

第七节　公众感知满意分析模型

通过案例分析，挖掘网络政民互动平台的大数据，实现对政民互动行为观察维度和理论维度的探索与推论，揭示并验证公众感知满意分析模型，如图4-20所示。由分析模型可知，微观层面的公众个体特质和政府相关因素会直接影响公众感知满意度，宏观层面的话题情境和公众因素通过个体特质和政府相关因素间接影响公众感知满意度。分析模型不仅从结论层面验证了互动效能的形成机理，深化对网络政民互动中主体行为的理解，而且在确保理论可靠性的基础上，创新数据分析方法和研究路径，为政府组织基于数据的互动效能分析提供借鉴。政民互动的持续良性发展必须基于整体视野，不仅要关注网络政民互动中的政民行为，还要关注政民互动的环境，即话题情境和公众因素。公众感知满意的实现是微观与宏观、短期与长期因素共同作用的结果。

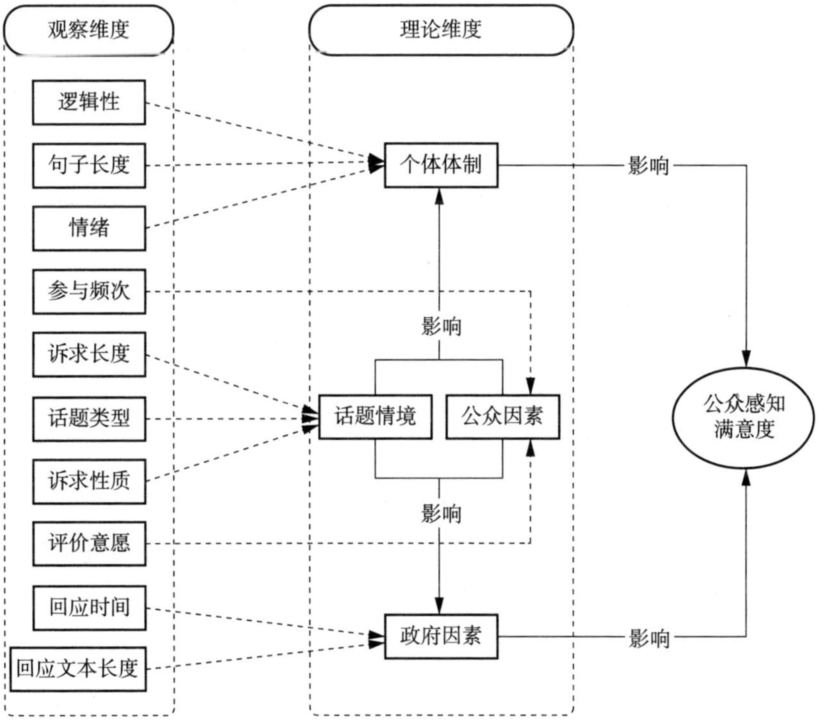

图 4-20　网络政民互动中公众感知满意分析模型

总而言之，案例分析的结果验证和丰富了本章的研究框架，即必须从整体视角围绕话题情境和公众参与改善政民互动平台系统的框架，网络政民互动效能所追求的公众感知满意才能实现。

一、公众因素

由案例的数据分析可以发现，在网络问政、网络信箱和留言板等政府主导的网络政民互动平台上，公众参与因平台属性和功能设计等具备充分的异质性，因而更具有理性和真实性。总体而言，城市的社会经济发展水平越高，公众参与频次越高，网络政民互动平台发展基础越好。为了探索公众网络参与促进公民参与网络问政的路径，有必要在个人层面更好地理解公众参与的影响因素（Zheng，2017）。从个体层面来看，参与频次高的人，显然更具有与政府组织互动的热情，进而更愿意就政府组织的回应和服务质量改进提出反馈意见。政府应当进行“客户关系管理”，培养公众的参与热情，以便获得针对公共服务品质及时有效的评估。公众参与是网络政民互动持续发展的基础，从前文调研访谈和问卷调查的结果可知，公众参与对公众感知满意度和感知行政改进均有正向影响；而从本章回归分析的结果来看，公众参与频次并不直接影响公众感知满意度，公众参与通过影响个体特质和政府组织，进而对公众感知满意度产生影响。

评价反馈是公众参与积极性的重要表征，是网络政民互动的重要环节。研究结果表明，公众的评价意愿与其参与频次正相关。在大数据时代，基于相关关系的预测是大数据的核心（John Walker，2013）。在网络政民互动实践中，这种规律性既是一种可预测手段，也是一种可选择方案，既可以通过评价反馈比例推论公众的参与频次，又可以通过提升公众参与频次获得更多公众的评价反馈。

从回归分析结果来看，回应时间较短的留言较易得到公众评价，回应时间较长的留言不易得到公众的评价。此外，公众对道路交通类话题较不愿评价，而社会保障、职业就业、医疗卫生类的话题较易得到公众的评价。结合不同话题的回应时间可以发现，公众对不同话题的评价意愿受到政府回应效率的影响。根据公众参与频次与评价意愿的关系，以及公众感知满意度的回归结果，公众评价意愿不直接影响公众满意度，而是通过影响个体特质和政府组织对公众感知满意度产生影响。

二、话题情境

话题是公众参与的中心与媒介，话题分析验证了网络参与有着不同于线下参与的议题结构。话题是由公众自主选择讨论的，是公共议程的一个近似值——显然比媒体报道更能反映公众意识（González-Bailón et al.，2012），在强化社区对问题的看法方面，被认为可能更有效（Palmieri，2008）。案例研究结果显示，网络政民互动中更多地涉及住房建设、道路交通、社会管理等发展性问题，而且相关话题仍在快速增长。这显示公众诉求持续升级，社会公众审议变得更加真实和实质（He et al.，2011），并且相关话题显示了社会治理所面临的具体情境和压力，这是公共服务领域迫切需要政府组织进行公共服务供给侧结构性改革的直接依据。

公众感知满意度回归分析的结果表明，不同的话题类别需要有针对性的服务供给，住房建设、公用事业类话题与公众感知满意度没有显著相关性。相对而言，道路交通、教育事业、职业就业、医疗卫生、商业经营等话题比较容易得到公众的满意评价；而城乡环境类话题面临的问题相对复杂、矛盾较为突出，是公众较不满意的领域。此外，诉求文本长度可以从侧面反映话题的复杂性，是公众感知满意度的解释变量。

三、个体特质和政府因素

参与行为的理性特征和规则取向意味着网络政民互动对政府回应有较高的要求，理性的诉求与讨论是公众对其角色以及价值理想的自觉反映。无论是从公众参与还是协商讨论角度，公众的理性取向都是需要重视的方面。数据分析所揭示的规律和回归分析的结果都说明，公众是否会利用较长的文本来说明和佐证观点，是否会利用介词、连词等使自己的描述和论点更加可信，是否会使用更复杂的长句来进行网络表达，是否倾向于使用政策法规来维护自身权益等因素皆能较好地刻画公众的参与行为，而且这些因素会显著影响网络政民互动的效果。相反，更有知识的人能够更好地行使其权利，发挥其作用，履行其职责并确定与他人的关系，以及从政府那里获得更高标准的“客户关怀”。

这意味着网络政民互动中公众的行为有别于线下行为特征与逻辑，需要密切关注公众的主观感知、参与心理和文化程度对政民互动效果的影响；同时，网络政民互动中的政府回应需要适应公众不断提升的网络参与能力。

第八节　研究发现及结论阐释

一、研究发现

1. 公众参与的范围与程度

公众参与和评价行为的内在逻辑揭示了网络政民互动发展面临公众参与积极性下降的现实挑战。公众参与是政民互动的基础，从研究结果来看，网络政民互动中公众更多的是围绕其个人利益和关切，其参与行为具有问题现实性和具体指向性，参与频次的幂率特征也证实了网络政民互动中公众参与的理性和真实性。公众参与频次与地区经济发展水平的关系证明，网络政民互动仍倾向于吸引社会经济地位高的人参与政治活动（Lindner et al.，2011），没能有效突破由社会经济发展不均衡带来的社会问题。现有的研究无法提供明确的证据证明在线交流优于传统方式并有助于克服参与的障碍（Kubicek，2016）。也就是说，通过网络政民互动促进弱势群体的政治参与有待改善。

一方面，说明在目前的环境下，网络政民互动同样面临着与其他电子参与形式相同的困境，仍然需要应对由社会阶层属性和问政平台的功能设计属性导致的公众在参与动机、参与心理和行为逻辑等方面的挑战。另一方面，从长远来看，无论这些公共服务的问题多么复杂，对于公众来说参与表达和互动都是必然选择。也就是说，未来理性的选择是包括一系列互动渠道的“混合参与”，这种偏好不是基于任何有根据的成本效益分析，而是基于希望吸引更多公众参与并实现更高程度的代表性，从而使结果更加合法化（Kubicek，2016）。因此，公众网络参与研究不仅仅是解释和预测参与渠道的问题，还应关注发生的事情，即“数字鸿沟”对相关网络民主举措的影响应该从方式选择扩展到方式使用（Ebbers et al.，2016）。从案例可知，虽然网络政民互动具备增强地方政府民主的潜力，但是仍然受到管理性、集成性和持续性等问题的影响（Al-Debei et al.，2010）。

为此，网络政民互动倡议的策划和实施者仍需要时刻关注不同社会阶层公众行为取向和特征，并努力培养公众个体的参与热情和习惯；而治理的本质和政府不能选择其“客户”的事实意味着，在电子民主系统设计中，这些问题变得更加复杂。尽管如此，网络政民互动仍然是迄今为止少有的能够较大范围吸引公民参与的在线组织活动。我们可以通过探索网络政民互动中的公众行为及特征，形成更加有效和更加精准的治理思路，不断优化激发网络民主潜能的制度安排。

2. 公众参与的话题与领域

公众参与诉求、话题类别的持续升级和参与行为的路径依赖决定了政府行政变革和社会管理最迫切的领域，指定了政府行政的变革方向和议程设计，充分认知公共服务议题是绩效改进的基础。

公众诉求是公众参与的目的，是网络政民互动形成和发展的动力。从研究结果来看，公众诉求大多是以咨询为目的，意在寻求诸如办事手续、政策规定、事件进展等方面的政务和事务信息，且公众对咨询类问政更易满意。这说明在目前的行政环境中，围绕公共事务和公共政策的线下渠道仍然缺乏公众与政府组织间充分有效的沟通；而网络政民互动能够更好地满足公众较为复杂和个性化的沟通需求，且公众对于政务和事务信息的供给抱持较为正面和宽容的态度。但是，为了从根本上提升公众感知满意度和政府行政效率，仍然依赖于诸如“放、管、服”改革等的持续推动。同时，研究结果显示，伴随网络政民互动平台的发展，咨询类参与增速渐缓，而以指出问题和不合理、寻求解决矛盾冲突为诉求的反映类参与快速增长。这种参与越来越多地指向社会发展中包括多元利益冲突、目标价值差异等在内的“问题集群”，且公众对相应问题的政府回应较不满意。这迫切需要政府创新治理手段，重新识别公众的治理需求，并定位地方政府在治理中的责任。

网络政民互动中无论是公众的参与目的还是参与话题，公众的行为都有较强的依从效应，即公众的再次参与行为较易受到初次参与行为的影响，并与其保持较强的一致性。结合参与目的和话题的回归分析结果，即不同的参与诉求和话题有不同的满意倾向，公众在政民互动中参与行为的依从性会受到感知满意度的不断强化。同时，受依从效应和强化效应的共同影响，公众参与行为呈现明显的路径依赖，进而使网络政民互动平台中公众参与态度和行为逻辑持续分化。在既定情境下，这种内在机理将对网络政民互动潜能的全面实现形成极大挑战。为此，迫切需要政府创新治理手段，提升治理能力，以减弱参与诉求和话题对公众产生的负向强化。

从整体来看，网络政民互动平台中的政府角色体现在“公共服务供给”层面，公众参与是对政府公共服务供给和政策执行的一种纠偏与矫正(汪锦军，2011)。但是，公众的参与目和议题结构所反映出的治理难题和困境并不能完全依靠网络政民互动平台及政府回应来解决。事实上，无论是在简化直接民主程序方面还是在回应公众效率方面，如果没有政府组织的更多实质性改变，最终都无法依靠参与主体来实现预期（Böhle et al.，2013)。网络政务举措是否会向网络民主转变，取决于实施这些举措的社会和政治环境以及这些举措的有效性（Blakeley et al.，2001)。

然而，这并不意味着网络政民互动平台的重要性降低；相反，在线平台中公众的问政诉求指明了政府的变革方向。政府组织通过在线平台的成功动作，可及时捕捉公众的现实需求，发现政民互动的战略方向，并得到有关政治议程设置的启发。从政府行政变革的思路来看，为了赢得公众的支持，政府应在不断提升自身能力的基础上，更加积极地展现自我价值，更加开放地面对公众和社会，以形成公众对政府的良好印象和认同，并与社会多元主体构建良好的协作关系，如此网络政民互动就成了一个沟通问题、提升能力、积累社会资本的过程。

3. 网络表达的理性与感性

理论和实践都证明，合规性是公众对政府的基本要求，缺乏合规性不仅会引发公众不满，而且会引发公众对政府的信任危机。从本书的研究结果来看，政府组织在回应公众问政时对政策法规有明显的依从性，其行为特征有较高的合规取向；但回归分析表明这并没有对公众感知满意度产生积极影响，显然单纯的合规性并不足以提升网络政民互动的效果。也就是说，网络政民互动回应中政府合规是一个“保健”因素，而非“激励”因素。

从工具理性来看，伴随政府对网络参与的日益重视，网络政民互动中政府是否“回应”的问题已经转变成回应是否有效率、是否有效果的问题。根据本书的研究结果，回应效率对公众感知满意度有显著积极影响，政府组织应继续提高政民互动中的回应效率。同时，政府应意识到回应效率的提升有着明显的成本局限和理性风险，政府回应不能忽视对质量的追求。事实上，网络政民互动中的这种“校正型参与”本身对政府治理创新和价值取向就有更高的要求。因此，政府需要对透明、效率、沟通、协作等一系列相互关联或冲突的目标追求和治理工具做出合理选择，并通过行动规则与公共价值的协调来提升政民互动的效果。

同时，感性的诉求与对话是公众对其个体身份与感受的内在反映，它呈现的是公众对政府组织和行政体系的情感认知。从倡议的初衷来说，与政务微博等形式所具有的情感沟通功能不同，网络政民互动的设计和规划主要聚焦其对公众关心的政务或事务的处理功能。然而，笔者研究发现，网络政民互动中公众对政府组织依然具有情感沟通的诉求，网络政民互动平台在某种程度上具有公众情绪“减压阀”的功能，伴随网络政民互动的发展这种情感沟通的功能将越来越重要。回归分析的结果表明，具有强烈负面情绪的公众较不易满意，政府组织应当关注其在回应态度和方式中所蕴含的“情绪”表达，以改善政民互动中公众的情感体验，使公众对政府产生良好的情感认知。这种情感认知在一定意义上比理性认知更加深刻，良好的情感认知有益于形塑稳固的政民关系。

4. 文本挖掘是网络政民互动研究的一条有益路径

由于现实中经验现象本身的复杂性，难以用系统的方式进行描述，迫使分析者将其精力转移到别处——以当前问题冲突和政策偏好为基础（克拉格特等，2015），网络政民互动平台就是如此。本书探索了大数据文本挖掘模式，这是相关技术在政民互动领域的一个重要而独特的应用。结果表明，基于大数据文本分析的政民互动行为研究，能较好地阐释公众网络参与的成效，所揭示的规律可以成为公共部门管理者评估电子政务计划和开发基于 Web 服务框架的制度性方法，为政府业务流程创造更加满意的图景。在网络群众路线的理政背景和政务大数据浪潮中，这种应用可为相关工作提供一种独特而重要的可借鉴模式。

二、结论阐释

一般而言，可以从三个层面来理解网络民主举措的成败，即是否低估了运营成本（任务）、是否对公众生活产生深远的影响（目标）、公众是否满意（满意度）（Anthopoulos et al.，2016）。在一定意义上，这三个层面都可以归结为项目设计与运营的差距。其中，任务失败与政府的系统规划及资源配置有关，而目标和满意度的问题则与公众网络参与的有效性密切相关。公众感知满意分析模型在一定程度上证明了公众参与对成功推进网络政民互动的重要性。

对政府而言，虽然开发和运作网络政民互动平台会给地方政府增加额外的成本负担，相关调查研究也显示大多数地方政府不愿投入更多的资源和努力以提升网络政民互动（Panagiotopoulos et al.，2011）。但实证分析的结果表明，公众参与通过影响个体特质和政府组织，进而对公众感知满意度产生影响。经由公众诉求的积极表达和政府组织的有效回应，公众与政府间广泛而持续的信息传递与沟通成为可能，这可以有效降低有关事务和政府组织行为的不确定性，有利于公众保持对政府行为的“稳定”期望。由公众参与动因的访谈发现，公众通过网络参与获得直接或间接信息，确知有关问题可以经网络政民互动平台进行表达和解决，并在一定程度上可消解其抱怨和困惑。

相对于整体、长远的制度和机制建设来说，有关公共服务的具体问题更容易解决；相对于具体问题的解决，围绕公众和政府组织间互动层面的诸如回应的态度、效率、方式等的改善更易实现。因此，在网络政民互动中公众通过积极参与，在获得政府组织及时、有效回应的情况下，更易达成对政府组织回应的基本期望，从而提高感知满意度。这意味着，可以通过促进公众使用网络政民互动平台，不断提高公众的参与程度。网络政民互动平台具有持续影响公众对政府组织态度的功能，地方政府应在更大范围和程度上发挥网络举措的作用，促进公众网络参与、感知满意度的持续提高和互动效能的不断提升。

对公众而言，并不完全是因为其意见被纳入行为方案和决策过程而满意。事实上，政府是通过信息沟通提高透明度和回应性，从而提高了公众的满意度（Verdegem et al.，2009）。在现实中，公众既缺乏有关服务绩效的信息，也缺乏行政努力的充分信息，通过积极而有效的网络政民互动，公众更易了解政府组织的行政努力和行动过程，掌握政府行政的有关数据。通过这些数据信息，公众对政府行为的实施过程有了更深入的了解（Santos，et al.，2016），在情感层面更易谅解政府组织。从个体访谈可以看出，网络政民互动中的公众参与具有情感表达和寻求“情绪关怀”的目的。网络政民互动中公众的情感表达，在获得政府组织情绪关怀时，更易形成公众感知的重要方面——情感认知，这是公众和政府组织相互理解与合作的重要基础。因此，公众对政府部门的服务态度、回应效率、问题解决程度等便有了更积极的看法。

也就是说，网络政民互动平台与其他电子政务平台具有相似的沟通功能，公众并非因为或仅仅因为外在需求得到满足而满意，而是因为内在需求得到满足而满意。但与其他电子政务平台不同的是，在提供公众所关注的具体问题信息方面，在满足公众个性化的沟通需要方面，网络政民互动系统具有明显优势，政府组织拥有更多机会达成其他电子政务形式无法有效实现的目标。此外，无论是公众还是政府组织，对网络政民互动平台的期望都不止于信息交流。对公共服务绩效改进和公众感知满意度的追求是网络政民互动效能的题中之义，而服务绩效的改进和政府回应效率的提升，不仅能持续提高政府治理的品质，推动政府行政变革，实现服务型政府建设和网络群众路线的发展规划，还能满足公众自身的利益关切和价值取向。

本章小结

针对互动效能在公众个体主观心理层面的反映——公众感知满意度，现有相关研究多采用定性的研究方法，着眼于公众的社会文化和心理特征等因素。本章主要探讨政府组织面对现实中海量的网络互动数据，如何基于数据挖掘技术方法对互动效能进行分析，以及如何利用互动数据为可能进行的行政改进提供方法和依据。针对研究问题，本章提出了相应的研究框架，并在研究设计中对案例选择的原则和结果以及数据处理方法进行了阐述。以泸州网络问政平台为例，通过爬虫程序采集了其“回音壁”版块中的相关数据，利用词表示、主题分类、信息抽取等数据挖掘方法，实现对公众参与频次、评价意愿、话题类型等观察维度的测量，构建了“观察维度—理论维度”公众感知满意分析模型。据此，政府组织可以通过对公众行为、政府行为、话题情境等外在因素的观察，分析预测公众感知满意的程度，并前瞻性地制定相应举措。主要结论如下。

一、网络政民互动效能的数据分析模式

本章对案例所涉及的观察维度采用统计方法进行分析，获得有关政民行为及其特征的一系列规律：公众的参与行为呈现典型的幂率分布并与地区经济发展水平密切相关；公众的参与诉求和话题类别带有明显的依从性，并受到感知满意度的不断强化；公众参与行为呈现明显的路径依赖性，进而形成公众参与态度和行为逻辑持续分化的压力；公众是否进行评价反馈与其参与频次呈正相关；公众行为的理性、逻辑性、情绪等特征均显著影响公众感知满意度；政府组织对不同话题和诉求的回应时间有明显差异，并显著影响公众评价意愿和感知满意度。分析结果表明，政府组织利用网络政民互动系统中的海量数据进行有效分析，由此得到的对政民互

动行为特征的规律性认识有助于政府组织进行策略优化，可改善公众参与和政府回应。在网络群众路线的理政背景下和政务大数据浪潮中，这种社会计算技术的应用为政府组织的相关工作提供了一种独特而重要的借鉴模式。

二、网络政民互动效能的理论分析模型

通过对政民互动行为的规律性认识和影响公众感知满意度的因素分析，本书构建了“观察维度—理论维度”公众感知满意度分析模型。分析结果表明，基于大数据文本的政民互动行为“观察维度”分析，能较好地刻画公众与政府组织的行为及其特征，“观察维度—理论维度”公众感知满意度分析是一种有效和可操作的分析模式。分析模型显示，微观层面的公众个体特质和政府因素直接影响公众的感知满意度，宏观层面的话题情境和公众因素通过个体特质和政府因素影响公众的感知满意度。着眼于具体问题的解决，公众通过网络参与更容易了解政府组织的行政努力和行动过程，更容易产生谅解政府组织的情感认知，因此公众和政府组织更容易相互理解与合作。互动效能框架下公众网络参与并非短期举措，而是对政府绩效改进和公众感知满意度长期发挥作用，应当从战略上重视其实践潜力。

总之，通过网络政民互动，促进弱势群体的政治参与方面虽有待改进，但仍受到可管理性、集成性和持续性等的影响。为了从根本上提升政府行政效率和公众感知满意度，仍然有赖于政府组织在公共服务领域诸如“放、管、服”等改革的持续推动。分析模型的核心在于政民互动的持续良性发展不仅需要关注政民互动行为本身，还需要关注政民互动的环境改善，即话题情境和公众因素。只有系统改善话题情境和公众参与实效，网络政民互动效能所追求的公众感知满意才能得以实现。

第五章

政府行政改进：互动效能的案例研究

由互动效能的形成机理和实证研究可知，公众感知绩效改进是实现互动效能的关键因素，而政府组织的行政努力及改进是绩效改进的基础。在网络政民互动情境下，行政改进既需要确定互动效能的边界，也需要关注行政努力、行政条件和行政环境。为此，本章采用案例研究方法，通过剖析案例资料，对提升互动效能的行政改进模式进行探讨。

第一节　研究假设

目前，公共机构在促进公众参与方面越来越关注网络信息技术的运用，一些实践也显示出积极成效。但是，现有研究对决定或影响政府相关网络举措实施的因素（Rose et al.，2010）或导致公众行为习惯的因素仍然不够明晰（Bekkers et al.，2007），影响公众对地方政府网络举措看法的因素尚未得到充分解释（Coursey ct al.，2008）。公众参与仍存在诸如参与率低、可持续性差、协调困难以及缺乏评估等问题（Macintosh et al.，2009），还包括针对利益相关者和政策生命周期内的整合等阻碍（Al-Debi et al.，2008），通过机制设计促进公众网络参与仍面临挑战（Lowndes et al.，2006）。考虑到网络民主倡议涉及利益相关者、流程、技术、应用程序和数据形式多样化等问题，成功实施以公众为中心的网络民主解决方案所需的技术应用、制度环境和战略变革方向是一个尚未解决的理论和实践难题。

网络政民互动是政府通过集体行动促进公共利益实现的全社会范围的创造性努力，这种新兴的实践模式通过综合方法，侧重于使用技术来提高公共服务的价值。为了对其进行有效评估，必须在更广泛的社会背景下看待网络参与形式。一些网络参与形式影响有限，一个原因是，这些“自上而下”为公众创造的参与政治进程机会往往涉及过于宽泛或抽象的问题，结果缺乏与问题相关的公众参与，即所提供的参与机会过于笼统，不允许公众或利益集团以问题导向的方式引入其想法和意见；另一个原因是，基于对公共政策周期的解释，所有旨在促进公众参与的网络民主倡议都将达到决策过程的某个阶段（Santos et al.，2016），但往往会引发公众对决策程序中贡献相关性的错误预期（Lindner et al.，2016）。现有大部分公共部门的公众网络参与方案，很多都是事后的运作而不是政府行政过程或事前的控制（彼得斯，2013）。也就是说，网络民主举措的民主潜能不是必然的，其与技术设计、程序标准和制度背景存在密切联系，不同形态的举措可能需要基于行政效率、政治合法性等不同理由，网络民主举措以何种方式实施高度反映了这些政治制度的传统形态（Lindner et al.，2009）。因此，在我国既有的制度和理政框架下，网络政民互动仍需要提升公众参与体验和改善政府决策水平的实践条件。

从社会技术角度来看，公共机构越来越多地考虑使用网络信息技术来促进公众参与，信息技术提供具有实体结构与功能的内容，可以为公众与政府建立联结提供所需的信息。通过这些信息，参与者可以通过沟通和协作工具与政府进行互动（Santos et al.，2016）。在这项努力中，网络信息技术助力民主进程的潜力尚未发挥，技术介导的公众参与是政务议程一个全新的研究领域（Sæbø et al.，2008）。除参与政策制定外，公众参与还涵盖更广泛的目标，政府组织使用在线手段与公众进行互动，并以不同的方式为其提供传统服务或政治参与支持。在此过程中，用于公众参与的网络信息技术不仅是一系列新的服务，而且是一个新兴的旨在促进透明度、开放性和合法性的公共行政程序（Bingham et al.，2005）。

除了对特定工具的选择之外，还需要组织和培养公众网络参与需要的广泛而关键的社会决策技术，以进一步解释技术工作是如何由政策和组织实践塑造的（Cordella et al.，2010）。目前，现有研究很少将公众参与战略与信息网络设计和运营联系起来（Irani et al.，2007）。也就是说，网络参与的公开议程虽然是对政府政务理论的呼吁和补充，但从理论层面来看，仍然需要我们加强对复杂环境中公共部门的政策和参与者的理解。

事实上，网络政民互动形式的快速发展和演变未能使其基本逻辑明确或一致，重要的是这种混乱的表现有时会导致其在公共部门中被忽视。相比其带来的机遇和挑战，实施网络互动举措所需的条件很少受到质疑和探讨，其支持者在经验和理论上都没有做出更多的努力来确定将强民主的乌托邦转变为政治运作体系所需的条件（Vedel，2006）。因此，无论是理论研究还是社会实践，都迫切需要认识和理解网络民主举措实施的条件，以把握其带来的变革机会，有效促进新的治理环境中公众的网络参与（Breindl et al.，2008）。

为此，本书探讨网络政民互动效能的分析与实现模式，其具有将理论与实践联系起来的能力。基本假设是，作为创造机会促进公共部门实施技术举措的可持续性方法，技术本身并不能导致成功，而是为了实现战略目标并与社会实践保持一致的数字实践配置方式。也就是说，对类似网络政民互动的网络民主举措的关注不能仅局限于技术本身，要着眼于网络民主举措的管理和评估，整体考虑网络信息技术在公众参与中的重要性。借此，网络政民互动的内部结构和功能才能与外部环境及相关的交互联系起来，才能被描述为网络民主举措的“抽象表现”、“逻辑故事”或“蓝图”（Panagiotopoulos et al.，2012）。为此，本书力图验证：为什么只有在整体视野下进行社会治理的系统规划和政府组织的流程设计，而非仅仅将其视为信息沟通渠道，网络政民互动及其效能才能实现？

第二节　研究设计

一、研究方法

本章的基本研究方法是案例研究法。案例是现实生活环境与所处背景之间的界限并不十分明显但正在发生的现象。案例研究是针对这些现象，尤其是针对无法对相关因素进行控制的研究对象的一种实证研究（罗伯特·K. 殷，2017），是通过系统的数据收集，允许研究者从价值中立的立场研究有关问题的发生机制以及发展过程，并给出普遍性结论的研究方式。案例研究不仅适用于描述和探索，而且是一种解释性策略，适用以下情况：研究的重点是回答“如何”和“为什么”的问题；不能操纵研究问题中人的行为；希望涵盖背景条件，因为它们可能与所研究的现象相关；现象与背景之间的界限不明确（Baxter et al.，2008）。

具体来说，案例研究适用于缺乏理论解释的新研究问题，或者现有的理论存在缺口或缺陷，不能对特定的研究问题给出有意义的解释；也适用于探讨复杂的管理过程，以及核心构念难以测量的研究问题等（毛基业等，2017）。在政府信息方面，案例研究为新想法打开了视野，能够突出方案参与者所面临的机遇和挑战（Dubé et al.，2003），是迄今为止最受欢迎的研究方法（Danziger et al.，2002）。

本章立足于网络政民互动的独特情境，探讨互动效能的重要方面——行政改进的分析与实现，现有研究缺乏对其过程的有效理解，适合采用案例研究法。本章通过对案例资料的分析以探讨对网络政民互动中行政改进所需的前提条件、运行机制的设计、实践的制度环境等。其目的在于：一方面验证网络政民互动实践在政府行政改进方面的潜能；另一方面构建互动效能的行政改进模式，以充分把握网络政民互动带来的行政变革机遇。

二、案例选取

案例研究实质上是通过对单个案例的深度剖析达成对某类现象的共通认识。在此，案例研究的认识逻辑不是统计性的扩大推理（从样本推论到总体认知），而是分析性的扩大推理（从个案认知上升到理论建构）。从理解导向和行动导向角度来看，澄清特定问题背后的深层原因及其后果往往比描述问题的症状及其发生频率更为重要；而强调案例的代表性和随机性很少能够产生这种洞察力（Flyvbjerg，2006），因为数据的解释性往往是在个案的特性中而不是在普遍性中被认识（克雷斯威尔，2007）。因此，本书的案例选择标准不是代表性和典型性，而是以有利于问题的研究为标准。

为此，本章选择成都网络理政平台作为研究对象。相对而言，该平台在通过互联网实现政府决策、执行、监督深度融合方面具有较高的分析和借鉴价值。本章收集了该平台中政民互动数据 1193 条、围绕相关问题的访谈资料以及 2017 年 6 月至 2018 年 5 月成都市政府发布的《网络理政平台数据分析》和《数据分析报告建议采纳情况》作为行政改进的分析数据。这些数据资料不仅涉及平台处理公众诉求的数量、类别、解决率、公众满意率，还包括通过分析政府部门、平台数据发现的热点问题，平台数据部门提出的政策建议，以及行政部门实际采纳的情况等。

三、数据处理方法

面对案例中的政民互动数据、访谈资料和统计分析资料，本章主要通过内容分析完成从数据到本质和背景的推断，对现象进行提炼和描述，描述该现象的概念或类别，以提供新知识、新见解、事实表示，建立模型和构画行动指南（Elo et al.，2008）。内容分析从选择分析单位开始，分析重要细节因素。根据研究问题，本章主要对话题、问题和政策举措展开编码和创建类别分析。

在网络政民互动平台上，政府组织努力解决公众提出的不同诉求，其价值体现在两个方面：一是通过处理公众的个性化诉求，解决社会管理环节中出现的偶发缺陷；二是通过对公众诉求的关注和分析，发现制度和机制等方面的不足和差距，并查明原因，进而制定并实施长远的、针对性的改进计划和策略。显然，从社会效益的深度和广度来看，后者具有更大的价值和潜力，也更依赖政府组织的主动性和创新性。为此，在对数据资料进行分析时，本章剖析了行政改进的依据、领域、举措等及其发生机制。具体从四个方面展开：一是公众感知满意度与线下行政努力间的关系；二是网络政民互动的热点话题；三是基于网络政民互动的政策分析过程；四是在宏观层面推动生成行政改进的创议。

第三节　公众感知满意度与诉求解决

公众感知满意是政民互动的结果，政府的线上行为诸如政府的回应态度、方式和效率会显著影响公众感知满意度。网络政民互动中，公众参与的核心动因是公众感知公共服务偏差，并通过诉求表达，解决其面临或关切的实际问题，而实际问题能否解决直接影响其感知满意度。为此，本书通过案例数据分析，证实公众感知满意度与其诉求的解决存在显著关联，具体如图 5-1 所示。

通过分析公众诉求发现，公众的诉求或因问题本身、涉及制度和规划、社会综合治理、司法协同、技术能力等原因，彻底解决需要较长时间，如城市规划布局、噪声治理、诈骗、刑事案件的侦查等；或因问题本身涉及多个部门，需要多方联动且较长时间协调解决；或因基于政策规定，相关职能部门的处理结果与公众自身认知、心理预期、建议有差异。

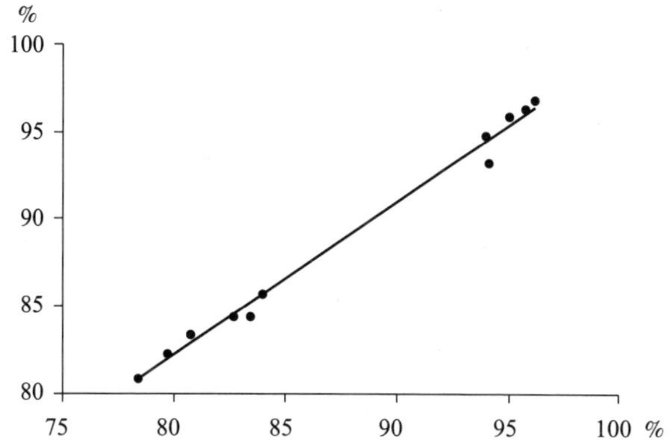

图 5-1　公众感知满意度与诉求解决率的相关性

资料来源：成都网络理政平台发布的《网络理政平台数据分析》。

公众感知满意度与公众诉求是否解决的相关性印证了本书前述结论，即网络政民互动公众参与的本质是感知绩效偏差，公众感知到服务绩效改进时自然会满意。通过分析公众诉求可知，在网络政民互动平台中，公众的参与行为具有现实性和具体指向性，线上公众的感知满意度具备指向线下问题的复杂性、方向性及局限性等潜能。

第四节　公众感知话题领域的识别

一、热点话题

从政府层面来看，通过识别公众感知的热点问题，网络政民互动平台为政府组织的行政改进提供决策依据和努力方向。从公众层面来看，公众通过网络政民互动平台进行诉求表达，可以实时向政府部门提供“需求”信息，且随着参与人数和次数的增加、参与范围的扩大、个体问题的持续累积，公众层面的热点话题会随之浮现。由此，公众从单纯的个人参与阶段进入全新的参与阶段，即网络政民互动使公众获得了参与集体公共事务的机会（Chang，2012），可以通过一个政治性更强、兼具民主和集中的机制来向政府传达信号（彼得斯，2013）。

本案例中，网络政民互动中涉及的“热点话题”如图 5-2 所示，主要包括市场监督、劳动保障、城乡住房、交通管理、环境保护、城市管理、城市规划与建设等。政府组织每月通过对网络政民互动平台的整体情况，包括公众感知满意度、问题解决率等进行汇总和分析，重点关注公众感知满意度及其反映的热点问题；通过数据分析，政府组织发现公众反映的热点话题涉及交通管理、市场监督、城乡住房、城市管理等方面，如表 5-1 所示。

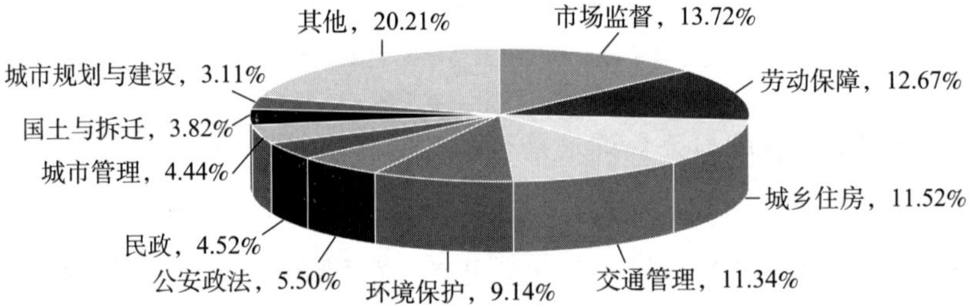

图 5-2　话题类别分布

注：以成都网络理政平台 2017 年 12 月的问政话题类别分布为例，在相同统计口径下，各月话题类别比例相似。

表 5-1　政府部门识别的网络政民互动热点话题

交通管理	市场监督	城乡住房	城市管理
出租车拒载、绕路	旅游行为服务问题	商品房投诉	人才落户问题
公交站点调整	美容消费纠纷	群租问题	公共场所设施维修问题
网约车运营混乱	预付消费纠纷	摇号选房问题	幼儿入学问题
公交车线路规划	违规开办培训班	物业安防问题	
客运汽车违规拉客	美容医院欺诈	物业管理乱象	
出租车找零有假币	保健品虚假宣传		
“断头路”问题	网络预订酒店纠纷		
道路施工问题			

资料来源：对成都网络理政平台发布的《网络理政平台数据分析》（2017 年 6 月至 2018 年 5 月）的资料分析。

由此，网络政民互动系统可以发挥类似“市民调查”功能，通过“热点话题”发现特定区域内公众关于生活质量、政府服务等方面的需求、意见或预期等。具体来说，一方面，“热点话题”能够反映“问题领域”的重要性，即在一定时空范围内，问题危害的严重性、可能性、直接性、舆论影响的集中性等，这些信息有助于确定哪些问题应被优先解决；另一方面，“热点话题”能够反映重要“问题领域”公众的感知满意度以及与之有关的具体诉求、改进方向等公众偏好信息，通过衡量公众的感知满意度，突出问题领域组织的现有优势与不足，以便找出行政改进的方向（Kipenis et al.，2016）。

二、问题领域

政府组织并不对事务或问题做单一的同质回应，其结果（政策的形成和实施）是一系列建立在对压力——每一相关国家组成部分在其特定行为环境中面对压力计算的不同行动上的（米格代尔，2013）。在对不同问题进行分析和评估方面，可以借鉴重要性—满意度（Importance-Satisfaction Analysis，ISA）模型（见图 5-3）（Van Ryzin et al.，2007）。该模型关键之处在于把满意度和重要性关联起来，由此构成四个象限。

具体来看，首先，政府组织应当将主要精力和资源投入象限 2 所示的“关键问题领域”，因为这个领域非常重要但公众满意程度较低，是影响公众感知满意度和感知服务绩效的重要领域，决策者的策略应该是优先解决该领域存在的问题；其次，政府组织应当关注象限 4 所示的“次要问题领域”，因为这个领域问题的重要性虽然低，但随着社会发展和公众偏好的改变，这个领域的问题有可能转化为关键问题，决策者的策略是持续关注并低优先性地解决相关问题；再次，政府组织应当考虑是否需要减缓象限 3 所示的“服务供给过度领域”的资源投入；最后，政府组织应当始终关注象限 1 所示问题的现有状态，并采取维持策略。

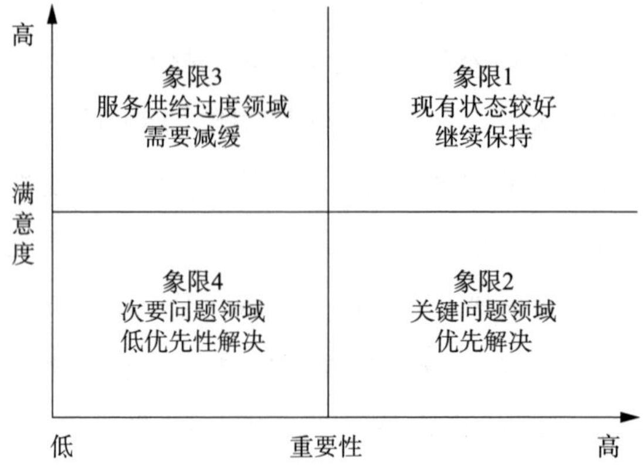

图 5-3　重要性—满意度模型

资料来源：VAN RYZIN G G，Immerwahr S. Importance-Performance Analysis of citizen satisfaction surveys［J］. Public Administration，2007，85（1）：215-226。

利用网络政民互动系统的话题发现功能，对这些话题进行重要性和满意度描述并分析以上四个象限，就能够定位区分需要优先解决、持续关注、减少投入或者继续保持的领域，从而为政策制定者提供更加全面和准确的信息，提高决策的科学性和资源的利用率。正是基于上述优势，地方政府应当采用网络政民互动系统来开展真实、开放、实时的“市民调查”，并通过年度性追踪来获取长期数据，从而全面了解公众对公共服务的态度变化。

如果政府组织能够通过有效的数据分析，准确及时地发现公众不满意的公共服务领域，依据服务目标和战略，发现和估量相应的公共服务偏差，并进行有针对性的绩效改进和回应行为，就能够改善公众感知公共服务的体验，进而提升对政府行为乃至整体工作的满意度。由此，网络政民互动系统将能够通过“呼吁—倾听”机制，具有发现热点话题等功能，而不仅仅是将网络政民互动的实践停留在打破部门信息孤岛，以及收集和储存数据的层面。本案例中，地方政府的实践表明，设计良好、规范实施的网络政民互动系统不仅是公众参与的渠道，而且能够为政策制定者提供精准信息，从而成为连接公共服务供给者与需求者的桥梁。

第五节　政民互动的政策分析过程

从理性主义视角，政府组织发现和识别热点话题是问题分析过程，而制定政策则是方案分析过程，其相互关系如图 5-4 所示。问题分析主要有三个步骤，即理解问题、选择并解释相关目标及限制、选择解决办法。政策问题很少只涉及一种价值倾向，所以方案分析往往是多目标分析，以寻找最合适的解决办法（韦默等，2013）。

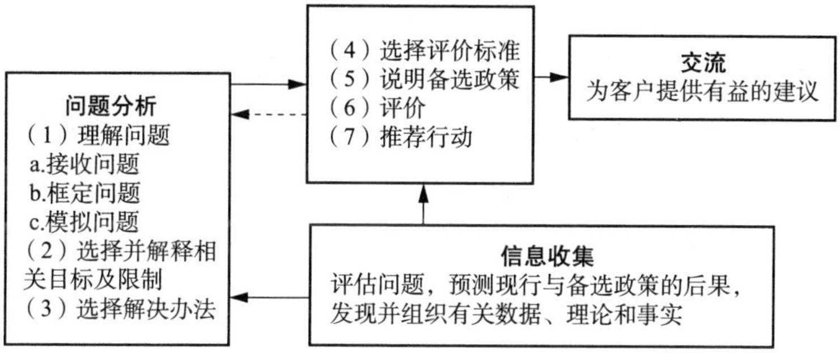

图 5-4　理性主义的政策分析过程①

网络政民互动系统的价值在于不仅为政策分析提供了良好的信息收集条件，而且为公众和政府组织就政策方案持续沟通和交流提供了机会。由于道路交通类话题是影响范围较大、公众反映较多的一类热点话题，故本书以道路交通类问题为例对具体政策形成过程进行剖析。

一、话题背景

伴随社会经济的快速发展，城市规模不断扩张，市政道路不断增加和

① 戴维·L. 韦默，艾丹·R. 瓦伊宁．公共政策分析：理论与实践［M］．刘伟，译．北京：中国人民大学出版社，2013：316.

延长，道路施工维护管理已经成为城市管理的一项重要内容。2018 年 2 月，在成都网络理政平台上，关于道路施工维护管理的隐患成为公众关注的一个热点话题。网络理政平台共受理道路施工维护管理方面的诉求有 2613 件，主要集中在城市道路、桥梁、地铁等工程设施的建设、维护和管理中存在的安全隐患等问题。

二、理解问题

在许多情况下，如果没有明确的问题要素，则很难从合作者那里寻求专业知识或激励，网络协调也就变成了一项具有挑战性的任务，因为它可能受到诸如角色不明确、利益多元化或边缘化政治等阻碍（Nyholm et al.，2009）。因此，问题分析的第一步是理解问题，要理解问题，就要评估症状并确定问题的本质。由上述分析可知，公众感知满意度可以帮助公共管理者发现和识别绩效问题。公众通常对公共管理者某些方面的表现不满意，倾向于用不满意的情况或症状而不是深层次原因来说明问题。

政府组织将公众反映的问题及政府组织的回应，尤其是公众不满意的政府回应引入第三方主体，进行公开、公正地评价，以确定问题的本质。只有确定问题本质，才有可能剖析导致公众满意或不满意的深层次原因，并对影响公众满意度的因素进行系统排序，以发挥公众感知满意度调研的诊断功能，进而有针对性地设计改进方案（周志忍，2015）。在本案例中，公众反映问题的症状和本质如表 5-2 所示。

表 5-2　有关道路施工情况的反映

客观情况（访谈/留言资料）	问题
我们家外面，正在修 11 号线。在武汉路和剑南大道这边，大概 100 米的样子，路中间横着挖了一个坑，关键是坑周围都没有围栏，我们出行存在很大的安全隐患。建了围栏了大家能看到，没有围栏万一晚上有人从那儿过，就容易出事故	出行不安全
在金牛区金牛公园附近路段，施工占了非机动车道和人行道，导致行人无法从人行道上正常通行	出行不方便

续表

客观情况（访谈/留言资料）	问题
龙城大道道路施工一年半了都弄不好，一个小工程弄了这么久，不知道怎么回事。我们小区门口弄得很乱，路面加高了半米，和周边的道路不一致。不知道什么时候能挖完，我车子底盘在这里都被剐蹭了好几次了	车辆通行不安全
地铁施工时，有没有确定人行道的标准，如宽度等。因为来往的车辆和行人很多，但道路很窄，只能容纳两辆电瓶车并行，出行非常不方便	骑行不方便
几次建围栏，喷水降尘把过往的行人都浇透了。因为路程比较远，如果行人不拿一把雨具全身都会浇透，难道这个工程没有时间期限	出行受影响

资料来源：源自对成都网络理政平台“网络理政·真情面对”版块相关资料的分析，并初步总结其涉及的相关问题。

在政民互动系统中，公众反映的多半是问题症状，但政策措施的制定和实施，不仅要了解问题的表现，还需把握问题的本质。评价作为问题分析的背景，不仅可反映存在的问题，还可以通过诉求性质、话题类别、公众情绪，以及网络表达的频次和时序分布变化等特征要素，反映相关问题及领域的重要性和紧迫性。政府组织不仅要把握问题，还要建立问题与政策方案的因果关系。在第四章，我们探讨了这些因素的数据挖掘方法与路径，获得了对热点问题和领域的识别及实证基础。从问题层面来看，公众不仅表达自身关切，还表达社区利益，从而实现公众网络参与的规范性和工具性的结合。

三、确定目标

在理解问题的基础上，再确定合适的目标，即选择和解释目标及限制，但政策目标往往是多元的、相互冲突的和含糊的。政府组织依据公众对问题的描述和评价，在收集公众、政策和部门信息等基础上，尽可能对问题进行准确解读，以厘清解决方案的目标。针对道路施工这件事件，总体目标是尽可能地减少施工带来的交通影响，让施工更人性化、让统筹更科学化、交通管理更高效。政府组织经过响应与反思，针对公众反映的具体问题，形成较为理性的治理目标，并与公众就目标与限制展开沟通，如

表 5-3 所示。

表 5-3　有关道路施工的目标确定与限制

问题	目标确定与限制（访谈资料）
出行不安全	打围前还有一个设计和地勘过程。地勘是用施工工具先行探测地质结构是否适合施工，以确定有没有天然气管道及数量等。一般来说施工前要求正式打围，不允许不打围施工
出行不方便	所有项目在占道施工前都要办理施工统筹手续，施工单位需要提交占道打围的方式，以及对周边交通疏解的方案，满足条件才能核发占道统筹，其他的下游部门才可允许其占用城市道路。就这个问题来说，占用非机动车和人行道，必须在其他位置开辟临时供行人和非机动车通行道路，以保证城市交通系统的连贯
车辆通行不安全	公安部早就针对施工路段的交通安全设施出台了相关交通组织规范，有两个原则：一是占一还一原则，在红线范围内，充分挖掘道路资源；二是坚持行人、非机动车、公交车优先原则，保证行人、非机动车、公交的优先，施工路段公交车不改道，保证广大群众的出行
骑行不方便	有的地方尚有空间，或有绿化带，或建筑推后，可以实现占一还一。有的地方道路本来就很窄，无法占一还一，基本要求是行人、非机动车道、公交专用道必须保证；如果公交专用道保证不了，行人和非机动车道必须要保证
出行受影响	主管部门要求施工单位施工期间必须开启喷雾，一般白天开启，晚上施工也有可能开，但雨天会关闭。对于喷雾量和方向的问题，需要进一步调研和改进

资料来源：源自对成都网络理政平台“网络理政·真情面对”版块相关资料的分析，并初步总结其涉及的相关问题。

从管理方式来看，区别于传统的城市管理，精准的城市管理对政府组织的资源投入和信息获取有较高的要求，而网络政民互动可以有效突破政府组织的资源和信息瓶颈，并就相关问题和措施成效，以及彼此间的关系进行持续沟通和观测。通过网络政民互动平台，公众和政府组织实质上已形成针对有关问题解决的合作关系。在此意义上，公众不仅仅是服务绩效的消费者，同时也是绩效改进的生产者。由此，政府行政得以实现民主理念和经验的融合。

关于公共政策的制定和实施，大多数研究文献假设公共管理者有足够认知、技术和能力推出并执行新的政策举措，倾向于认为管理者拥有制定新政策的技术知识。然而事实并非如此，有观点认为官僚体制内的专家无法获得制定政策所需要的全部信息，甚至得不到正确的信息；如果排除公众对决策的参与，就会造成政策上的失误（彼得斯，2013）。为此，Schofield（2004）通过扎根理论分析指出，公共管理者必须学习一系列新技术以便指导政策的制定和实施，为此需要不断学习，其过程可由公共管理者学习制定政策举措的学习实施模型反映（见图5-5）。该模型描述了管理者如何将对知识的学习和能力的提升常规化为工作任务和程序，从而制定并实现新的政策举措。从中可以看出，实施公共政策的有关知识、技术和能力是政策分析的必要基础。

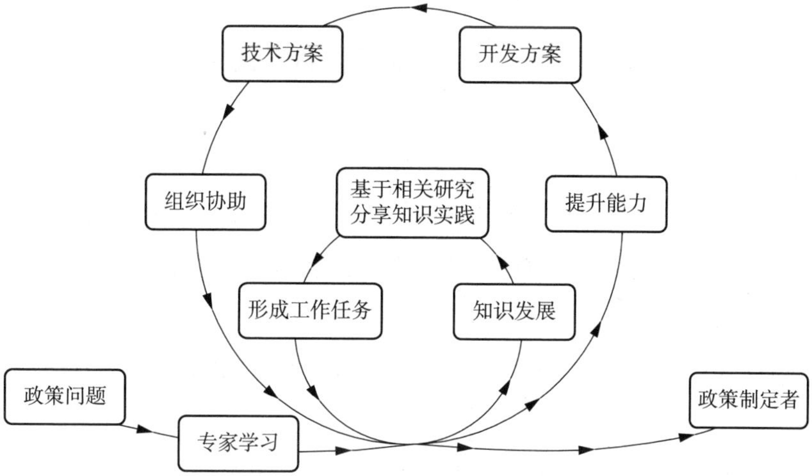

图5-5　理性主义政策分析过程

资料来源：Schofield J. A model of learned implementation [J]. Public Administration，2004，82(2)：283-308。

通常公众管理者的这种学习会受到官僚主义的束缚，并由于其官僚角色而得以加强，结果是有关政策制定与执行的学习缺乏动力和效率。在网络政民互动中，公众的决定不仅涉及数据计算，而且涉及判断和分析框架（Vedel，2006），能够为制定政策的公共管理者提供稳定持续的学习情境和内容，可使之在与公众互动的过程中潜在地习得相应的能力。一方面，通过网络政民互动，热点话题的形成提供了政策话题讨论的场域，有关政民互动的既定制度和可能产生的舆论压力，可提供一种外生动力打破官僚主义的束缚和现有制度安排的依赖，使有关公共服务政策安排的创新理念和思路成为可能；另一方面，在政策制定及付诸实践过程中，时间维度经常被忽略，事实上有关问题具体解决方案的共享与推广往往需要较长时间。时间是学习的关键变量，有关热点话题的问题发现和目标确定过程保证了学习的及时性。这是一种政策制定和实施，依从议程—策略—行动流程，包括活动、流程、信息和任务等一系列环节因素的持续过程。

第六节　基于协调会商的创议

公共服务供给越来越强调公众的呼声，越来越注重政府与公众之间信任关系的构建，公众参与在公共服务供给过程中的作用更加凸显。成都网络理政平台从热点话题和关键领域发现，到理解问题和研究目标，再到方案的制定和选择，针对公众反映的热点和复杂问题，建立协调会商机制，促进公众表达“呼声”，并通过这种工作机制进入政府部门的政策制成过程。

虽然通过公众参与来表达“呼声”早已不是新鲜事物，但传统上这种“呼声”往往反映了行政管理者对通过技术知识和专业技能获取合法性根深蒂固的依赖（Miller et al.，2001）。但是，随着行政改革的深入，传统意义上把官僚制视为唯一的公共服务供给者的观点被打破，行政组织越来越多地使用网络化和弹性方式为公众提供服务。这便于公众更积极地参与公共服务的选择和生产，从而构建一个更加有兴趣倾听公众声音的责任政府（Roberts，2004）。这意味着，公众的呼声将更多地出现在决策过程中，公众参与正从行政民主发展到协商民主阶段（Kathi et al.，2005）。从行政民主与协商民主中公众参与的差异（见表 5-4）可以看出，网络政民互动中的公众参与在大多数层面具备协商民主公众参与的特征。

表 5-4　行政民主与协商民主中的公众参与的差异

行政民主中的公众参与	协商民主中的公众参与
公众被视为投票者、选民或顾客	公众被视为投票者、选民、顾客和伙伴
公众是自我本位的	公众能够表达社区利益
公众不能辨别公共利益	公共利益通过对话和共享价值达成
公众参与破坏行政流畅性	公众参与兼具规范性和工具性
公众利益通过选举、政治代表和法律来反映	公众有见识，参与是为了合作和伙伴关系
行政管理者对政治家负责	行政管理者对公众负责
行政合法性来自宪法	行政合法性来自民主理论和经验因素

资料来源：Kathi P C，Cooper T L. Democratizing the Administrative State：Connecting Neighborhood Councils and City Agencies [J]. Public Administration Review，2005，65 (5)：559-567。

以此为基础，网络政民互动系统不仅能够为政策制定者提供更准确的信息，为公共服务的供给与需求提供制度化保障，而且在协商、合作和共享价值的基础上能够建立一种由公众来形塑、主导的创议生成模式，这种基于公众需求调查和整合的过程本质上是一个政治过程，其产出或载体是公共政策、战略、规划等（周志忍，2017）。在此背景下，公众参与将扮演越来越重要的角色，公众参与不仅可以改善政府机构间的合作，还有利于加强利益相关者的参与和协商（Ferro et al.，2010）。为了激发公众参与的潜力必须理解应用、影响、评估、过程等，必须收集不同利益相关者的需求（Wimmer，2007）。网络政民互动中获取信息的便利性有望使议程设置过程更加民主化，并提高政治参与率和协商质量，使公民参与的决策形式成为可能。

从创议的来源来看，本书所分析的基于网络政民互动的行政改进属于外部倡议模式，其优势是实现政治系统与公民社会的有效结合，赋予公共领域更大的影响力。面对网络政民互动中识别和发现的热点问题，政府组织迫于回应或解决问题的压力，或者出于降低行政成本、提升组织效率的考虑，依据公众与政府组织间围绕问题理解和目标确定展开的对话与交互，制定相应的政策措施，并将相关措施公布于众，贯彻落实。本书对相关资料进行了编码分析（见表 5-5），结果显示，这一过程不仅推动政府组织完善了短期的工作措施，还促使政府组织思考并制定更长效的机制安排。

表 5-5　不同层次的政策安排及示例

政策安排		示例
政策机制	健全机制 14	制定预案，出台办法，开通“微户政”，确立“黑名单”制度等
	落实机制 3	落实约谈通报机制、联席会议制度、房屋价格分别计价机制等
	细化制度 2	细化景区工作制度，严惩失信者等
管理工作	加强协调 3	加强房管部门与街道协调；加大旅游投诉协调处理力度等
	规范管理 2	规范景区收费管理，旅游饭店诚信等级划分评定
	指导督促 15	督促执行部门及时受理，督促物业服务企业、网约车平台公司等
依法管理	依法严惩 6	打击仿冒出租车，严惩喊客拉客，对驾驶员的违法行为从严处罚等
	强化执法 3	强化对电梯维保单位执法力度，强化出租车违规抄告机制等
工作检查	日常巡查 7	加强物业管理项目巡查，加强 A 级景区日常监查等
	专项检查 8	学校食品案例专项检查，电梯安全专项整治，规范办学专项督察等
	清查整顿 3	清查美容机构涉嫌诈骗，“晚霞”消费维权集中整治等
宣传培训	加强培训 6	业主委员会培训、景区管理人员培训、窗口办事人员培训等
	开展宣传 10	消防安全宣传、防范消费陷阱宣传、食品安全宣传、普法宣传进景区等

注：概念后的数字为概念在编码中出现的次数。

资料来源：对成都网络理政平台发布的《数据分析报告建议采纳情况》（2017 年 6 月至 2018 年 5 月）的分析。

解决方案的制定和选择通常取决于权力分配及参与者的政治策略，政治决策是广泛的政治行为，政治行为和程序理性可以被视为战略决策过程的独立维度。在多准则决策分析中引入程序性理性，有可能使选择仍具有高度政治性。也就是说，如果分歧是基于政治利益，那么事实信息和逻辑论证不可能提供解决方案（Andersson et al.，2012）。这种通过网络政民互动平台充分沟通——政府组织识别发现热点话题并制定政策进行行政改进的模式，通过公众与政府组织间的持续交互和反复讨论，使公众和政府组织的看法趋向合理化，公众意见最终被吸纳并形成新的公共政策。

第七节 政府行政改进模式的构建

网络政民互动既可以利用网络公共空间的开放性来扩大公众参与讨论的数量，避免交互受到行政权力的干涉和阻挠，使“民意立场”代表大多数人的意见；又可以利用实体公共领域中的“官民对话”来解决外部压力造成的公众与政府的对抗问题，使民意更加集中并有序地输入政府决策。新技术扩大了利益相关方与公众进行磋商的可能性，为其建立新的内部和外部伙伴关系创造了机会。政府可以将外部公众与内部的客户系统联系起来，从传统的官僚结构转向服务的交付安排进而形成新的创议，以便进行更多灵活且整合性行动。

经由公众的广泛参与和政府部门的有效回应，以及政府组织对公众诉求在绩效改进方面的充分应用，在政府组织愿意做出更多实质性改变的前提下，网络政民互动系统能够有效发挥推动政府组织服务绩效改进的机制作用，并为政府组织转变公共服务领域决策模式提供机会与可能。其核心在于，基于网络政民互动的行政改进是回应公众诉求的举措，无论是在问题的确立、回应还是在行动方案的执行上，都应该让公众参与政策制定的所有阶段。公众的积极参与能够优化政策制定过程，使决策者充分考虑全局信息，制定共赢的行动方案或政策措施（彼得斯，2013）。

总体来看，案例分析结果验证了本章的假设，即必须在政民互动框架下以整体视角进行组织和流程设计，网络政民互动效能所依赖的行政改进才能实现。

具体来看，网络政民互动有可能使行政或政策制定者直接接受服务使用者——公众的“系统输入”，公众能够对政策产生更大的影响。虽然目前公共服务的更新过程及对协作和数字化技能的必要储备仍处于早期阶段，但网络政民互动推动和形塑的公众参与是其重要基础并使之不断发展。基于此，一个更复杂的任务是重塑现有的政府组织及其人员，使之能够在一个更加复杂、流动和虚拟的环境中工作，这个环境由政府组织的行政努力支撑，并由数据信息驱动，即“话题识别—创议生成”的行政改进实现模式，如图5-6所示。其基本维度是技术和民主，总体模型可表述：通过政民互动推动民主过程，利用技术手段进行有效评估；通过互动方式推动行政变革，利用流程优化改善行政决策。

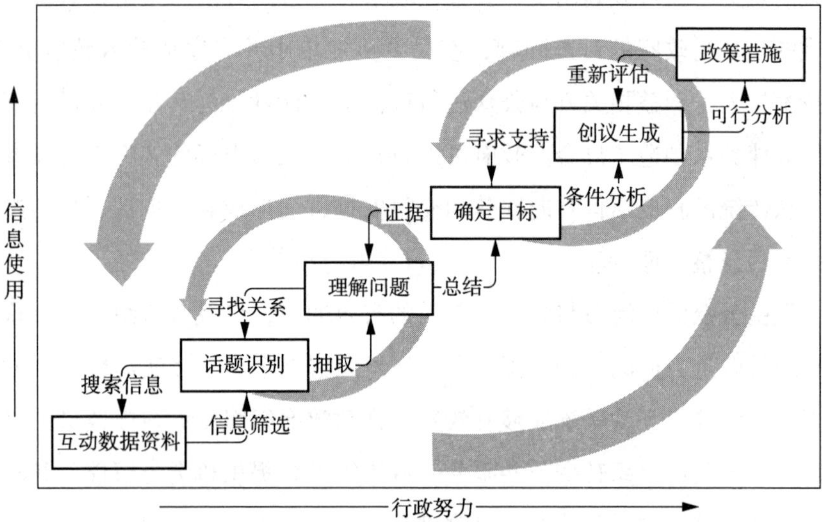

图5-6 网络政民互动效能的行政改进实现模式

网络政民互动效能的行政改进实现模式核心在于政府需要持续不断地从社会系统中获取公众信息，无遗漏、无差别地关注公共价值和偏好，并通过组织系统不断提高回应性，以此来提升公共服务的质量和公共利益的实现程度，这不仅是政府合法性的要求，也是公共管理的绩效要求。这意味着公共管理人员与公众合作，共同识别和定义问题，并提出实施解决方案。在此过程中，政府与公众的关系变得更具审慎性和对话性，而不是基于规范性和权威性（Brainard et al.，2010）。公共行政人员的角色必须从中立专家转变为个人和基层参与的促进者，公共行政人员应当创造机会与公众接触，并利用这些机会教育、组织和激发公众进行更大范围的倡导和参与。

该模式可用于识别和描述网络政民互动涉及的参与者及其角色、关系和沟通流程，定义和理解网络政民互动的环节、过程和政策系统，以便支持政府组织有关网络民主举措的战略选择；可以帮助公共管理者将战略实施分解成不同的管理部分，并以更宽泛的视角看待整个互动系统和创议生成模式。特别是这种模型有助于网络政民互动的评估和规范，可以在不同力度级别上识别理论与实践上的潜在缺陷，并提供定义和分类新问题的机会，解释成功或失败的原因，衡量影响网络参与存在的问题，指导未来的工作，是实现网络政民互动可持续性发展的决定性因素。

基于上述分析，网络政民互动中政府组织的工作机制和行政改进模式的关系见图 5-7。其优势在于：一个健全开放的公共领域对决策机构具有反补和约束作用，在此框架下，政府可以通过网络方式实现对话的内部影响力。在传统公共部门决策模式中，很少以数字或其他方式来体现现实挑战的严重性。

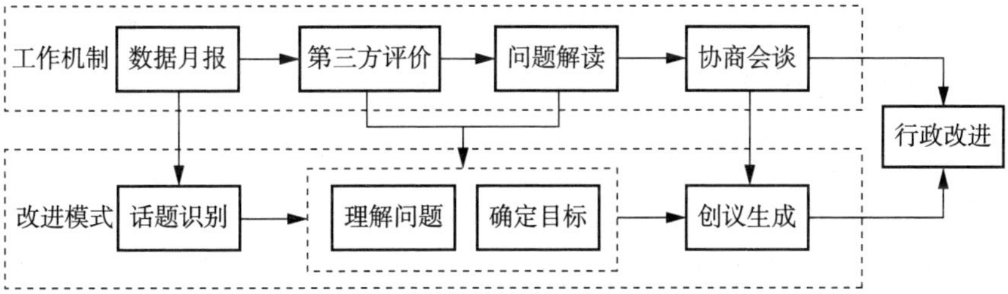

图 5-7　政府组织的工作机制与行政改进模式的关系

第八节　管理启示

在以网络信息技术为基础的数字化时代，政府组织应当提供精益、无遗漏、精细、定制化的产品和服务来满足公众的需求。作为一种技术回应，数据资料和技术使管理者可以对管理对象的独特需求进行追踪和分析，进而实施管理行为或投送有针对性的服务（孙鹤然，2011）。研究表明，这种根据个体或公众诉求改善公共服务的管理模式，能够提高效率、效果和公众感知满意度（郭晓科，2013）。事实上，精细化管理模式在有效回应公众诉求的同时，还能提升政府的运营效率和管理品质。这要求政府组织在公共管理中，实现从“宏观把握”到“微观差别”，从“决策参考”到“精确分析”，从“数据使用”到“智慧支持”的转变。

一、基于数据探索的政务实践

基于合法性和权力来源，决定了在追求和实现公共利益过程中，政府在公共管理体系中具有主导地位且必须扮演积极角色，这种地位与角色的有效性受其决策方式、能力和效果的影响。在很长的一段时间，决策支持系统一度因为缺乏有效的数据组织方式而徘徊不前，之后才取得了前所未有的加速度（涂子沛，2013）。在传统的社会运作方式下，信息传递和沟通效率不能满足公共管理的需求；同时，依靠随机抽样等方法解决数据收集和处理问题存在许多固有缺陷（舍恩伯格等，2013）。

网络信息技术包括大数据技术的发展颠覆了传统的数据管理方式，在数据来源、数据处理方式和数据思维等方面产生了革命性影响（孟小峰等，2013）。在数字化时代，快速发展的信息技术使数据的收集和处理变得更加容易、更加快速，不仅使人们通过数据交流变得容易，还使其具备了处理数据的信心和能力；同时，在线沟通渠道给政府组织提供了数据挖掘的机会（Linders，2011）。以大数据技术为代表的网络信息技术和数据处理能力日益成为人们解决公共管理问题的一种新的有效方式。在公共服务决策方面，过去建立在非完全信息基础上的管理思维和方法，已被彻底改变（李丹阳，2014）。

数据对于政府决策的价值是显而易见的，通过对数据资源的分析，可以有效提高政府决策的科学性和时效性。一方面，决策是为了解决问题或抓住机会，通过对有关公共服务数据资源的有效利用，可以发现相关领域的异常问题和有利时机以把握决策进程；另一方面，决策的有效制定依赖于信息的完整性，高质量的、全方位的信息可以有效提高决策的科学性。正因如此，网络政民互动不仅具有实现政治参与、培养公民参与意识的功能，还为政府组织提供了提高公共决策能力与水平的现实机遇。

网络政民互动并不是简单地利用网络信息技术，其民主潜力发挥和良好社会治理的实现核心在于在线平台上有效的政民互动，并在其基础上实现参与主体价值和情感的承载。如果主体在互联网上的互动行为能被系统地捕捉，那么我们就可以对隐藏在沟通之下的实际规律进行观察或做出合理的推断（法雷尔，2013）。也就是说，在这种治理环境中，网络政民互动实践及相关信息数据不仅带来了社会结构的新变革，还发展了认识这种结构变革的方法。网络政民互动系统的运作和系统数据的有效利用，必将带来政府公共管理模式的巨大改变。

为此，政府组织应当开放透明，持续完善公众公平、便利地获取公共信息的渠道和手段，以利于公众参与公共决策。诸如在公共政策制定、公共财政开支、公共资源分配细节等方面充分满足公众的知情权，在更大范围内实现数据共享。这既是提高决策效率的要求，也是行政民主的价值诉求。一方面，要求政府组织培养数据意识，全方位重视数据的收集和积累工作，为实施数据驱动的战略做准备；另一方面，要不断推动社会媒体、社交网络等数据平台的健康快速发展。为此，在数据的收集、更新方面，尤其是数据利用方面，政府组织要不断调整管理思路和方法，并积极改善公共管理决策的数据环境，提升决策过程中的数据意识，建立有效的决策支持系统，以实现决策的科学化，提高公共决策质量。

二、走向动态精准的社会治理

社会治理的核心在于公众、政府、社会的多重逻辑及其内在联系，不断认识和把握社会的治理目标、价值导向和互动协调。在社会治理过程中，政府的治理困境、地方政府治理的特殊性、政策的行为策略和结果都反映了社会管理并不仅仅来自一个精心设计的定量模型或公式，有效的社会管理需要的是更好的管理而不是充足的资源保证，而且应该支持创新。也就是说，社会治理绩效应该以理解和认识社会现实为逻辑起点，并在此基础上通过不同主体的角色定位来实现治理价值，通过形式的不断创新来优化主体间的协作关系。这种社会创新并非公众或政府组织单方面努力的产物，而是在政府组织与公众交织或交互过程中激发的，这种交互的细节与过程成为理解与评价社会创新的关键（何增科等，2011）。

社会及其环境的复杂性和动态性、政府能力与声誉的双重困境、公众对社会治理的责任诉求、社会治理满意度低下和来自社会系统的问责压力，都要求治理主体具备一种改变惯例和资源的动态能力，这种能力强调适应、整合和重塑内外部组织技能、资源及能力的战略领导角色，以适应不断变化的环境要求（梁文松等，2010）。网络时代造就了一个权力碎片化的社会，降低了群体压力对个体的影响，凸显了个体的主动性和能动性。公众可以在表达和交往过程中，将其认为重要的问题变为公共议程的一部分（王绍光，2006），并成为个体之间、个体和组织之间关注和讨论的公共问题。信息和数据就是围绕这些问题产生的，而且一旦实现信息自由和数据开放，知识和权力在个体之间就是等距的，社会的主体结构就会从分层转向网状，社会形态和社会结构就会出现新的变革（姚姗姗，2013）。在这种情况下，个体越来越多地倾向于社会公共领域，其结构特征和特性成为公共管理价值和工具性的原因和意义。

一方面，大数据技术可以提供多样化的信息渠道，这种多样化使得个体广泛的利益诉求成为可能，进而建立一种围绕公共事务共享的价值和利益观念，帮助个体超越短期利益诉求，并为对话表达共同价值提供舞台，以形成对公共事务的共识和实现公共利益的基础。另一方面，相对于大数据时代，在以往的社会运作方式下，由于管理理念的落后和数据技术的缺乏，社会生产是通过大批量、同质化的产品和服务来满足客户需求的。研究表明，这种根据个体或人群将公共服务进行细分与定制的管理模式，能够提高效率、优化效果和提升公民满意度。因此，政府组织不能止于为公民提供均等化的产品和服务，而应和私营部门一样，通过市场细分，精益化地实现公共利益。

这一过程中，公众的有效参与成为社会治理的必然要求，这不仅可以化解政府行为失范——公众对政府信任不足的困境，营造社会治理的有利环境，还有助于明确地方政府在治理中担负的责任、满足公众的治理需求。社会治理的动态能力是从战略视角来看待社会治理的必然结果，是把战略作为应对日益不确定的未来的有效手段，不是对一次性治理偏差或挫折的回应，而是持续不断地对那些可能有损组织绩效、深入的长期的趋势进行预测并调整应对。在此视角下，可通过公众与政府组织的协作、治理方式的选择和社会功能的整合来实现社会治理从即时决策到立体管理，从单纯的手段应用到全面治理的深刻变化。

本章小结

针对公共政策的议程设置和政策制定，现有研究大多从网络舆情、危机管理等层面讨论公众网络参与对政府政策制定的影响。针对面向互动效能实现的行政改进，本章以成都网络理政平台为例，收集了平台中的政民互动数据、相关问题的访谈资料和政府部门的统计分析资料，主要采用内容分析法，对其内容类型等进行编码，分析了行政改进的依据、领域、举措等及其发生机制，并提出了网络政民互动效能的行政改进模式，描绘和剖析了基于网络政民互动平台充分沟通——政府组织识别和发现热点话题制定相应政策进行行政改进的行为和政策形成模式，分析了在此过程中公众诉求和感知满意的理论价值以及政府组织运作机制的理论角色定位。核心结论包括以下两点。

一、网络政民互动效能的实现模式

基于网络政民互动实践，政府组织通过对互动平台数据的汇总和分析可以发现和识别公众感知满意及公众所关注的热点问题；对问题的理解和目标的确定可以通过第三方评价实现；创议的生成可以通过建立协调会商机制展开。通过这些工作机制，政府组织最终可以有效推动基于数据探索的政务实践。通过对案例实践的解析，本书将网络政民互动的应用落实到具体可操作层面，案例分析结果表明，“话题识别—政策分析—创议生成”的行政改进模式是实现互动效能的有效模式。其中，“话题识别”能够反映“问题领域”的重要性及公众感知满意水平；政策分析包括理解问题和确定目标。前者是评估症状并确定问题本质，后者是分析限制条件并确定目标优先次序。创议的生成则通过公众与政府组织间的持续交互和讨论，公众意见最终被吸纳并形成新的公共政策。这种行政改进模式能够帮助政府组织更好地定义和理解网络政民互动成功或失败的原因，为政府组织开发、设计实现互动效能的平台应用和优化数据驱动的行政决策及进行社会精准治理提供借鉴和启发。

二、网络政民互动效能的实现机理

通过公众的广泛参与和政府部门的有效回应，以及政府组织对公众诉求在绩效改进领域的充分应用，在政府组织愿意做出更多实质性改变的前提下，网络政民互动系统能够有效发挥推动政府组织服务绩效改进的作用，并为政府组织在公共服务领域实现决策模式的转变提供机会与可能。这种决策模式的基本维度是技术和民主，即通过政民互动推动民主过程，利用技术手段进行有效评估；通过互动方式推动行政变革，利用流程优化改善行政决策。网络政民互动不仅能够推动和形塑公众网络参与，还能重塑现有的政府组织及其人员，使之能够在一个更加复杂、流动和虚拟的环境中工作。这个环境由信息技术支撑，并由信息应用模式驱动。该模式的核心在于政府组织需要持续不断地从社会系统中获取公众信息，无遗漏、无差别地关注所有公共价值和偏好。该模式能够帮助政府组织更好地定义和理解网络政民互动的环节、过程和政策，解释当前所采取的行政举措的优劣，以支持政府组织有关网络民主举措的战略选择。

第六章

制度创新：网络政民互动效能的提升路径

研究发现，只有以全面视野进行系统规划和组织流程设计而非仅仅将其视作信息沟通渠道，网络政民互动效能才能得以实现。为此，政府组织应积极创造和改善网络政民互动及其效能实现的条件并贯穿网络政民互动的整个过程，以确保网络政民互动系统关键管理功能的实现。网络政民互动效能的提升路径，需要从网络政民互动的发展方向、平台环境、组织与流程等方面进行系统规划和设计，如图 6-1 所示。其核心在于：不能仅从技术角度将网络政民互动视作网络信息人员开发和部署的在线平台，也不能仅从沟通渠道角度将其视作公众和政府间有效沟通的民主形式，应将其作为提升公众感知满意度进而保证政府合法性、实现政府科学决策，持续进行行政改进、纠正服务绩效偏差、促进社会治理的战略举措。

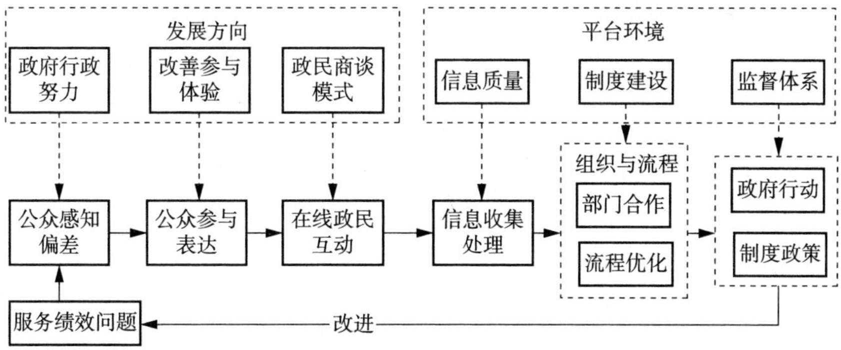

图 6-1　网络政民互动效能的提升路径

第一节　网络政民互动的发展方向

一、政府组织的行政努力

从公众层面来说，网络政民互动本质上是由于公众感知绩效偏差进而通过网络表达以期政府回应和行政改进的过程。从政府层面来说，服务质量的改进与绩效的实现是其核心追求，只有通过行政努力持续提升政府公共服务绩效才能从根本上消弭公众对服务偏差的感知，解决公众低效参与和政府被动回应的问题。为此，政府组织应加强对社会变迁和公众诉求的了解，主动进行组织变革，不断调整以适应社会系统的现实需要。从实践方向来看，由泸州、成都等地具体实践的探索可以得到以下启发。

一是政府组织可以通过挖掘网络政民互动系统中蕴藏的有关互动效能数据，来收集公众诉求、发现现实中存在的社会问题以及认知公众感知满意度和行政改进的规律。面对海量、异构的文本数据，政府组织应着力开发和提高政民互动数据处理的水平和能力。

二是伴随网络信息技术在各领域的应用和政府在线平台的持续推进，公众已逐渐适应并习惯通过网络平台表达诉求；由话题诉求的类别和性质的演变可以看出，公众对公共服务的效率和价值追求不断提升，亟待政府组织提升服务的规范性，并在公共服务的供给、种类、质量等方面进行供给侧结构性改革。

三是供给导向的公共服务模式面临现实挑战，政府必须更加精准地把握公众需求，打造更加完善的支撑平台，构建全新的公共服务模式。

网络政民互动主要是在网络环境下开展沟通和交流，但这并不是说政府组织及其工作人员不能通过其他方式对网络交流提供必要的补充和支持。事实上，政民互动的方式和途径多种多样，政府工作人员应该基于网络政民互动平台探索更系统、更有效的方法为公众服务，以完善网络政民互动平台的沟通模式。例如，政府组织可以通过互动服务演示和查询热线等，降低在线服务的复杂性（Chan et al.，2010）。通过这种方式，公众可以通过互联网平台在公共行政事务方面获得平等机会，因而对其持续参与网络互动意愿产生积极影响。

此外，最危险的并不在于政府组织及其人员拒绝将网络信息技术视为重要力量；相反，如果其将网络信息技术视为一种控制机制，而不是一种有利的因素，认为网络信息技术是对民主和行政变革手段的抵制，会使政府组织的信誉和业绩逐渐受到侵蚀（Allen et al.，2001）。因此，政府组织及人员应避免对网络政民互动采取过多防御性、警示性或操纵性手段；管控性越强，公众反应可能越大，进而导致较少的公众参与。

二、公众的网络参与体验

公众的网络参与不仅决定了网络政民互动的本质，还会影响网络政民互动效能的实现。由案例分析可知，网络政民互动面临着公众参与动机、参与愿意等方面的挑战。为此，着眼于公众参与政民互动的可持续性，政府组织需要从以下三个方面改善公众的网络参与体验。

一是提升公众对网络政民互动的认知。通过访谈发现，有些人是由于社会资本、自身习惯等原因，自动、自发参与利用网络，而不是通过政府组织途径获得网络政民互动的信息。因此，政府组织需要将政民互动作为一种业务和政务模式进行广泛宣传。

二是提升公众参与网络政民互动所需的信息和知识普及度，诸如相关法律规定、政策措施和流程、政府职能与责任等。根据网络政民互动中公众行为特征，知识取向是公众在网络表达中较为重视的方面，而现实中信息和知识分布的不均衡广泛存在，严重影响了公众的参与活动（陈尧，2016）。为此，应当加强对公众服务相关信息和知识的宣传及普及，以增强公众参与政民互动的能力。

三是提高公众对政民互动的信心和感知满意度。通过对参与网络政民互动的公众访谈可以看出，公众除了为解决关系其切身利益的问题而参与政民互动外，参与动因还包括对政策不合理、行为对象违规等问题的关注。为此，政府组织需要通过不断加强不同阶层公众行为取向和特征的关注，培养公众参与网络政民互动的热情和习惯。

三、政民商谈的互动模式

在价值多元化时代，社会规范的制定和维护是通过商谈来进行的（哈贝马斯，2003）。一般而言，协商需要通过持续合作、讨论和交流。从成都网络理政实践案例可以看出，协商更有利于政策创议的生成和政策的形成。从网络政民互动的基本表现形式来看，其并不具备政民商谈的完备形式，但这既不妨碍网络政民互动在政策形成中扮演至关重要的角色，也不妨碍网络政民互动成为政民商谈的有利条件。

从网络政民互动和政民商谈的关系来看，普遍意义上的政民商谈还面临来自公众和政府组织等方面的挑战，尤其是在网络开放环境下，网络理性的缺乏与封闭环境中民主价值的缺乏以及政府信任度的不足始终困扰着网络政民商谈。作为一个开放的沟通环境，网络政民互动平台不仅影响广泛，其议题现实性和具体指向性还能够使公众与政府组织紧紧围绕某种真实而非宽泛的话题展开。在此基础上，正如我们公众访谈中所获知的那样，公众在进行网络表达时，以知识和信息为追求，以理性为取向，形成政民商谈的良好基础。对政府而言，转型迫切需要政府与公众之间进行有意义的对话，信息不仅要从政府流向公众，还要从公众流向政府。为了实现这种转变，需要为公众网络参与提供广泛的技术支持，通过对话将公众纳入政府政策决策过程（Chun et al.，2010）。

从发展网络政民互动来看，网络政民互动不仅提供了协商环境和议题基础，还可以有效培养公众的参与意愿、表达能力等，这些都是政民商谈的必要条件。基于此，针对现实中的不同话题，公众和政府组织可以依托网络政民互动平台，提炼话题和信息，为政民商谈提供必要的知识储备，以利于多元主体间相互交流和不同利益相关者达成共识。

第二节　网络政民互动平台的环境

虽然公众参与对公众感知满意度和服务绩效改进具有积极影响，而网络政民互动也具有积极的内生影响机制，但互动效能的形成和提升并不必然，互动效能的提升最终需要政府组织的实质性改变。政府组织只有积极有效地挖掘和利用政民互动的数据资源，才能高效、前瞻性地制定行为方案和政策机制，才能长远且战略地解决公众关注的问题，而非仅仅满足于事后的弥补与应急。在信息处理基础上，从话题领域的识别、政策分析到创议的生成不仅需要全程利用数据信息，还需要完善的制度保障，而行政改进政策方案的执行则有赖于完备的监督体系，以确保方案执行的质量和效率。

一、高效的信息处理

网络政民互动平台的基础功能是信息沟通，同时互动平台还具有信息收集与存储功能。对数据信息的有效处理不仅有利于政府组织分析和评估公众参与行为、评价行为及感知满意等的变化趋势和规律，还有利于诉求话题的捕捉与分析，进而通过行动方案和政府政策的制定改进政府行政。着眼于此，面对网络政民互动中的海量数据，政府组织必须不断学习，掌握大数据管理技术，挖掘和利用政民互动中的数据信息，改善和提高公共管理与服务水平。

网络政民互动中产生的数据种类繁多、数量庞大、价值密度较低，且多为文本数据，这些数据往往存在表达意思多面、用语不规范等问题。这些数据特征及其变化给传统的政府管理和信息分析带来了巨大挑战，政府组织亟待提高数据处理能力以获取高质量的信息。信息质量包括信息系统因素和组织因素（Alenezi et al.，2015）。信息系统层面，数据获取、处理和分析需要新的技术方法；组织层面，需要对传统僵化的组织结构实行变革以应对“数据孤岛”问题，信息公开、数据开放及共享等方面的政策法规和标准亟待建立。本书以泸州网络问政为例尝试基于自然语言处理、机器学习等文本挖掘技术对相关观察维度和理论维度进行分析，证明了相关方法和方案的可行性。在实践操作中，相关项目和系统还应针对不同形式、不同技术平台、不同需求进行数据分析的实践创新及探索，以推动基于网络政民互动数据挖掘的政务实践。

二、完善的制度保障

网络政民互动效能的基础是公众广泛而积极的网络参与及表达，但网络政民互动中的公众参与行为具有明显的依从性，并因强化效应而产生了路径依赖。为此，政府组织在设计和制定制度时需要充分考虑公众参与行为的规律，通过易对公众网络参与造成负面影响的公共服务领域进行制度安排和创新，促进网络政民互动良性发展。

在对为实现互动效能而做的行政改进中，可以看出基于网络政民互动平台，从话题领域的识别、政策问题分析到政策创议的生成都需要在信息的收集与处理、问题的协调与讨论、共识沟通与学习等方面进行有效的制度安排，如此方能有效实现和提升互动效能。制度安排的目的是提升网络政民互动各个环节的有效性，制度要充分考虑公众诉求，制度制定的流程则由政民互动数据驱动。此外，在制度完善过程中，不仅要紧紧围绕既有制度框架，还要立足地方和平台的具体情况，确立提升公众感知满意度和促进服务绩效改进的制度规范；在此基础上，形成有效的信息处理机制、知识学习机制和数据驱动政策形成机制，通过制度建设推进网络政民互动效能的最终实现。

三、健全的监督体系

政府行为非常广泛，很难对其行为过程进行“监视”。因此，当社会主体能在问责中扮演主要角色时，对传统问责变革的推动将会更富有成效。相较于原来人工挑选的小范围参与者，社会问责提倡的广泛参与形成的更大范围利益和意识形态的整合，有利于增加问责的合法性基础（世界银行专家组，2007）。从公众的参与动因来看，在网络政民互动过程中，公众监督对于保障政民互动效能的实现不可或缺。网络政民互动不仅能为政府组织提供来自整个社会范围对于公共服务、政府事务和官员的监督，还能够为政府组织提供弥合服务偏差而进行的行政改进过程的监督。为此，需要通过制度安排，将网络政民互动本身的监督功能有效发挥出来。

从本质上来说，监督是对政府行为和绩效偏差的发现与纠正，其过程可描述为，公众将观察到的政府行为和绩效表现与政府行为的应有规范及绩效的应有水平做比较，发现偏差进而指出以促进偏差弥合的过程。有关行为及绩效的应有水平和政府的承诺是监督得以实现的基础。因此，政府组织应通过多种方式提高相关质量规范和政府承诺的公众知晓率，以利于公众展开监督，进而有效发挥网络政民互动中公众“校正型”参与的作用；而且互动效能的内在机制揭示，公众参与对公众感知绩效提升的正向影响在于监督功能的有效发挥。

第三节　网络政民互动的组织流程

一、政府组织跨部门合作

政府网络战略的另一个问题是如何促进跨部门协调与合作，公众通过网络政民互动平台解决问题，除了成本、效率等方面的考虑外，还寄望通过政府部门协调合作以解决复杂问题。在实践中，作为政府追求的重要行政目标，政府部门间的协调与合作的实现往往相当困难，经常会出现强化了某一方面的协调，却在另一方面削弱了原有协调能力的情况。诸如住房建设、道路交通、教育事业等热点话题往往是复杂的，需要政府组织跨部门合作才能有效解决。然而，相关实践往往强调政府与公众之间的网络联系，而漠视通过网络平台促进政府部门之间的合作（Feroz et al.，2014）。事实上，部门间的协调合作是网络政民互动持续展开和发展的条件，需要在政府组织战略规划基础上，分析现有业务和流程，对政府组织相关部门的职责、能力、资源、条件等进行系统安排和配置，以达到资源配置优化、信息资源增值、人才价值最大化、经济效益最优化的目的。

通过调研发现，目前仍有不少地方政府未能有效利用现有的网络政民互动平台促进政府部门间的合作与沟通，部门间的协调合作既缺乏提升公众感知满意度的问题解决机制，也缺乏信息互通的沟通交流机制，网络政民互动仍停留在公众和政府间“自下而上”和“自上而下”的信息沟通与事务处理层面，并没有对政府部门间的横向联系提供支持。事实上，公众诉求的多元化和问题的复杂性，迫切需要政府部门间加强协调合作。

以成都网络理政为例，从道路洒水这一问题可以看出，问题的解决涉及市政建设、环境保护、道路交通等多个部门，如果缺乏相应的协调机制，就会显著降低政府服务绩效和公众感知满意度。在政民互动过程中，促进政府组织跨部门合作最好的办法就是将思考的重点放在计划的受惠者——公众的切身利益实现上，而不是去关注提供服务的组织以及这些组织彼此间的关系（彼得斯，2013）。也就是说，应该着眼于如何为公众提供更好的服务以及最终有效解决问题来实现跨部门合作。应该由网络政民互动平台提供的数据以及由数据识别的话题来驱动政府部门间的协调合作，建立基于数据驱动的问题解决机制，并以最终的公众感知满意度作为衡量政府绩效改进水平的标准。

二、业务处理流程优化

流程再造不仅涉及现有政府部门的变革和部门间的协调合作，还涉及业务流程环节的存废和优化。在部门设置方面，网络民主最初的构想是不断减少或消除公共事务中介机构的存在或作用的发挥。显然，在前信息时代，这些机构的主要作用之一是收集与传递信息。在网络化时代，这些实体最终会过时，因为公众可以通过在线方式更便捷地参与决策过程。虽然政府组织在此过程中必不可少，但是其必须有效地选择相关部门和培训相关人员（Vedel，2006），并合理设置相关部门人员及其工作职责。

在实践中，地方政府的网络政民互动平台大多专门设置了收集和分转公众诉求的前台部门，并设置有系统架构、系统维护、优化升级和技术培训等技术部门。一般来说，设置前台部门有利于其对公众诉求进行部门和业务细分，便于公众诉求被准确地传递到相应部门。一些地方因为地域经济和职业发展等因素，缺乏相应的专业技术人才，技术部门人员往往沦为技术的市场采购人员，难以发挥实际作用。调研发现一些地方采取服务外包的方式较好地解决了相关业务问题。

网络政民互动系统一般包括公众发帖、中间部门转发、业务部门受理、业务部门回复、公众评价反馈等流程。从调研和案例分析来看，之所以需要中间部门转发，是因为公众诉求多样而复杂，如果系统采取规则化方式，如平台系统设计问政类别、问政性质、问政话题、问政部门等功能选择模块，则有可能因为问题复杂，不利于公众选择从而降低公众的参与体验。因此，现阶段应采取公众自主选择和中间部门业务转发两种途径方式。

在中间部门业务转发层面，一般涉及受理、交办或转送或答复、督办、记录及审查等环节，在此层面系统和业务流程的深度融合是着重需要考虑的方向。以泸州问政实践为例，业务部门受理的好处在于可以迅速给公众以暂时回应。但从实际效果来看，增加了受理环节后，政府部门的平均回应时间增加近 2 天。受理环节的增多是政府回应效率降低的原因之一，而回归分析结果显示政府回应时间与公众感知满意度负相关，就是说流程环节的调整对公众感知满意度产生负面影响。此外，调查发现，一方面因为政府回应效率低而影响了公众进行评价反馈的意愿；另一方面流程环节中的不合理设计也影响了公众的评价反馈意愿。此外，还涉及短期问题和长期问题、局部问题和全局问题、行动方案问题和政策制定问题的处理与优先选择。

综上所述，技术发展推动流程简化，在此背景下，不仅可以通过技术手段实现对资源的替代，还可以利用技术进行流程诊断，以基于技术手段的数据驱动决策重塑政府组织；同时，要避免走入技术导向的误区。鉴于网络政民互动建设的关键是“互动”，网络环境是公众和政府进行沟通、实现其目的的一种载体和手段，不能仅仅依赖在线互动系统的搭建。只有通过系统的运作，为组织的变革提供方向和动力，不断优化业务处理流程、简化业务办理环节，才能达到实现网络政民互动效能的目的。

本章小结

互动效能的实现并非必然，政府组织应以全局视野创造和改善网络政民互动的条件，并贯穿网络政民互动整个过程。着眼于其关键管理功能的实现，基于网络政民互动效能的基本逻辑，立足于互动效能的实现模式和机理，政府组织应从发展方向、平台环境、组织与流程等方面对网络政民互动进行系统规划和设计。从发展方向来看，政府组织应强化对社会变迁和公众诉求的了解，通过行政努力持续提升政府公共服务绩效，从根本上消弭公众对服务偏差的感知；政府组织还应通过积极宣传、信息传播、习惯培养等方式不断提升公众网络参与体验。同时，政府组织应积极利用网络政民互动平台培养公众的参与意愿和能力，以形成政民商谈的良好基础。从平台环境来看，基于政民互动的行政改进需要政府组织在信息处理、制度保障和监督体系等方面不断提升和完善。从组织与流程来看，部门间的协调合作是网络政民互动持续发展的条件，政府组织应当建立基于数据驱动的问题解决机制，以系统运作为组织变革提供方向和动力，优化业务处理流程，实现和提升网络政民互动效能。

参考文献

[1] 哈贝马斯. 在事实与规范之间：关于法律和民主治国的商谈理论 [M]. 童世骏，译. 北京：生活·读书·新知三联书店，2003：204.

[2] 罗兰·凯罗尔. 民意、民调与民主 [M]. 何滨，吴辛欣，译. 北京：社会科学文献出版社，2015：26.

[3] 米歇尔·福柯. 规训与惩罚：监狱的诞生 [M]. 刘北成，杨远婴，译. 北京：生活·读书·新知三联书店，2012：226.

[4] B. 盖伊·彼得斯. 美国的公共政策：承诺与执行 [M]. 顾丽梅，姚建华，等译. 上海：复旦大学出版社，2008：17.

[5] B. 盖伊·彼得斯. 政府未来的治理模式 [M]. 吴爱明，夏宏图，译. 北京：中国人民大学出版社，2013：41，47，56，97.

[6] 巴尼.G. 格拉泽. 扎根理论研究概论：自然呈现与生硬促成 [M]. 费小冬，译. 美国社会学出版社，2009：109.

[7] 贝丝·西蒙·诺维克. 维基政府：运用互联网技术提高政府管理能力 [M]. 李忠军，于卉芹，李晶，译. 北京：新华出版社，2010：78.

[8] 戴维·L. 韦默，艾丹·R. 瓦伊宁. 公共政策分析：理论与实践 [M]. 刘伟，译. 北京：中国人民大学出版社，2013：316.

[9] 亨利·法雷尔. 互联网对政治的影响 [J]. 郑颖，李莉，译. 国外理论动态，2013（1）：96-105.

[10] 理查德·C. 博克斯. 公民治理：引领21世纪的美国社区 [M]. 北京：中国人民大学出版社，2005：145-146.

[11] 罗伯特·K. 殷. 案例研究：设计与方法 [M]. 周海涛，史少

杰，译．重庆：重庆大学出版社，2017：21.

［12］马克·穆尔．创造公共价值：政府战略管理［M］．伍满桂，译．北京：商务印书馆，2016：33-35，49.

［13］米格代尔．社会中的国家［M］．李杨，郭一聪，译．南京：江苏人民出版社，2013：6，121.

［14］施特劳斯，科宾．质性研究概论［M］．徐宗国，译．台北：巨流图书公司，2004：26，110，285.

［15］托马斯·库恩．科学革命的结构［M］．金吾伦，胡新和，译．北京：北京大学出版社，2003：36.

［16］威廉·J. M. 克拉格特，拜伦·E. 谢弗．美国民意：战后美国民众的政治话题构成［M］．田开芳，译．北京：社会科学文献出版社，2015：2.

［17］约翰·W. 克雷斯威尔．研究设计与写作指导：定性、定量与混合研究的路径［M］．重庆：重庆大学出版社，2007：158.

［18］约翰·克莱顿·托马斯．公共决策中的公民参与：公共管理者的新技能与新策略［M］．北京：中国人民大学出版社，2005：153.

［19］珍妮特·V. 登哈特，罗伯特·B. 登哈特．新公共服务：服务，而不是掌舵［M］．丁煌，译．北京：中国人民大学出版社，2004：7-10.

［20］梁文松，曾玉凤．动态治理［M］．陈晔，等译．北京：中信出版社，2010：47.

［21］安东尼·吉登斯．社会理论的核心问题：社会分析中的行动、结构与矛盾［M］．郭忠华，徐法寅，译．上海：上海译文出版社，2015：49.

［22］戴维·贾奇，格里·斯托克，哈罗德·沃尔曼．城市政治学理论［M］．刘晔，译．上海：上海世纪出版集团，2009：190-191.

［23］凯西·卡麦兹．建构扎根理论：质性研究实践指南［M］．边国英，译．重庆：重庆大学出版社，2009：6-7，145-146.

［24］斯图尔特·霍尔．表征：文化表征与意指实践［M］．徐亮，陆兴华，译．北京：商务印书馆，2013：19.

［25］维克托·迈尔-舍恩伯格，肯尼思·库克耶．大数据时代：生活、工作与思维的大变革［M］．盛杨燕，周涛，译．杭州：浙江人民出版社，2013：34.

［26］ABU-SHANAB E A. Reengineering the open government concept：An empirical support for a proposed model［J］. Government Information Quarterly，2015，32（4）：453-463.

［27］AICHHOLZER G，STRAUß S. Electronic Participation in Europe［M］//Electronic Democracy in Europe. Springer，Cham，2016：55-132.

［28］AL ATHMAY A A A R A. Demographic factors as determinants of e-governance adoption：A field study in the United Arab Emirates（UAE）［J］. Transforming Government：People，Process and Policy，2015，9（2）：159-180.

［29］ALANEZI M A，MAHMOOD A K，BASRI S. E-government service quality：A qualitative evaluation in the case of Saudi Arabia［J］. The Electronic Journal of Information Systems in Developing Countries，2012，54（1）：1-20.

［30］AL-DEBEI P，PANAGIOTOPOULOS P. Engaging with citizens online：Understanding the role of ePetitioning in local government democracy［C］//The Internet，Policy & Politics Conferences，Oxford Internet Institute，University of Oxford，2010：16-17.

［31］AL-DEBI M M，EL-HADDADEH R，AVISON D. Defining the business model in the new world of digital business［C］. Proceedings of the Fourteenth Americas Conference on Information Systems，Toronto，Canada，2008.

［32］ALENEZI H，TARHINI A，MASA'DEH R. Investigating the strategic relationship between information quality and e-government benefits：A literature review［J］. International Review of Social Sciences and Humanities，2015，9（1）：33-50.

[33] AL-HUJRAN O, AL-DEBEI M M, CHATFIELD A, et al. The imperative of influencing citizen attitude toward e-government adoption and use [J]. Computers in Human Behavior, 2015 (53): 189-203.

[34] ALLEN B A, JUILLET L, PAQUET G, et al. E-governance & government on-line in Canada: Partnerships, people & prospects [J]. Government Information Quarterly, 2001, 18 (2): 93-104.

[35] AL-SOBHI F, WEERAKKODY V, MUSTAFA KAMAL M. An exploratory study on the role of intermediaries in delivering public services in Madinah City: Case of Saudi Arabia [J]. Transforming Government: People, Process and Policy, 2010, 4 (1): 14-36.

[36] AMARAL E, CAMPOS H H, FRIEDMAN S, et al. Introduction: Cyberpolitics in international relations [J]. International Political Science Review, 2000, 21 (3): 243-263.

[37] ANDERSSON A, GRÖNLUND A, ASTRÖM J. "You can't make this a science!" -Analyzing decision support systems in political contexts [J]. Government Information Quarterly, 2012, 29 (4): 543-552.

[38] ANTHOPOULOS L, REDDICK C G, GIANNAKIDOU I, et al. Why e-government projects fail? An analysis of the healthcare. gov website [J]. Government Information Quarterly, 2016, 33 (1): 161-173.

[39] ARMINGEON K, GUTHMANN K. Democracy in crisis? The declining support for national democracy in european countries, 2007-2011 [J]. European Journal of Political Research, 2014, 53 (3): 423-442.

[40] AS-SABER S, HOSSAIN K, SRIVASTAVA A. Technology, society and e-government: In search of an eclectic framework [J]. Electronic Government, An International Journal, 2007, 4 (2): 156-178.

[41] BADRI M A, ALSHARE K. A path analytic model and measurement of the business value of e-government: An international perspective [J]. Inter-

national Journal of Information Management, 2008, 28 (6): 524-535.

[42] BAKER W H, ADDAMS H L, DAVIS B. Critical factors for enhancing municipal public hearings [J]. Public Administration Review, 2010, 65 (4): 490-499.

[43] BAXTER P, JACK S. Qualitative case study methodology: Study design and implementation for novice researchers [J]. The Qualitative Report, 2008, 13 (4): 544-559.

[44] BEKKERS V, HOMBURG V. The myths of e-government: Looking beyond the assumptions of a new and better government [J]. The Information Society, 2007, 23 (5): 373-382.

[45] BERMAN E M. Dealing with cynical citizens [J]. Public Administration Review, 1997, 57 (2): 105-112.

[46] BERMAN T. Public participation as a tool for integrating local knowledge into spatial planning: Planning, participation, and knowledge [M]. Cham, Switzerland: Springer, 2016: 19.

[47] BESLEY T, BURGESS R. Political agency, government responsiveness and the role of the media [J]. European Economic Review, 2001, 45 (4-6): 629-640.

[48] BESLEY T, COATE S. Issue unbundling via citizens' initiatives [J]. International Quarterly Journal of Political Science, 2008, 3 (4): 379-397.

[49] BINGHAM L B, NABATCHI T, O'LEARY R. The new governance: Practices and processes for stakeholder and citizen participation in the work of government [J]. Public Administration Review, 2005, 65 (5): 547-558.

[50] BIRDWELL J. A new agora? The internet and everyday deliberative democracy [C] //Lernen von Obama: Das Internet als Ressource und Risiko für die Politik. Bertelsmann-Stiftung (Hrsg), 2009: 165-184.

[51] BLAKELEY C J, MATSUURA J H. E-government: Is e-democracy

inevitable? [C]. Berlin: Innovations for An e-Society. Challenges for Technology Assessment, 2001.

[52] BOCHEL C, BOCHEL H, POOL B A. Reaching in scenario': The potential for e-petitions in local government [C] //Uppsats presenterad vid the PSA Annual Conference, 2015: 30.

[53] BÖHLE K, RIEHM U. E-petition systems and political participation: About institutional challenges and democratic opportunities [EB/OL]. (2013-07-01) [2018-07-15]. https://uncommonculture.org/ojs/index.php/fm/article/view/4220/3694.

[54] BONINA C M, CORDELLA A. The new public management, e-government and the notion of public value: Lessons from Mexico [C]. Paris: Proceedings of SIG GlobDev's First AnnualWorkshop, 2008.

[55] BONSÓN E, ROYO S, RATKAI M. Citizens' engagement on local governments' facebook sites. An empirical analysis: The impact of different media and content types in Western Europe [J]. Government Information Quarterly, 2015, 32 (1): 52-62.

[56] BOUCHER S. If citizens have a voice, who's listening? Lessons from recent citizen consultation experiments for the European Union [J]. CEPS EPIN Working Paper, 2009, 24 (12): 5-12.

[57] BOZEMAN B. Public values and public interest: Counterbalancing economic individualism [M]. Washington D. C.: Georgetown University Press, 2007: 13.

[58] BOZEMAN B. Public-value failure: When efficient markets may not do [J]. Public Administration Review, 2002, 62 (2): 145-161.

[59] BRANSTETTER J. The (broken?) promise of digital democracy: An early assessment [J]. International Journal of Technology, Knowledge & Society, 2011, 7 (3): 151-162.

[60] BRAINARD L A, MCNUTT J G. Virtual government-citizen relations: Informational, transactional, or collaborative? [J]. Administration & Society, 2010, 42 (7): 836-858.

[61] BREINDL Y, FRANCQ P. Can web 2.0 applications save e-democracy? A study of how new internet applications may enhance citizen participation in the political process online [J]. International Journal of Electronic Democracy, 2008, 1 (1): 14-31.

[62] BRYSON J M, CROSBY B C, BLOOMBERG L. Public value governance: Moving beyond traditional public administration and the new public management [J]. Public Administration Review, 2014, 74 (4): 445-456.

[63] CALDOW J. E-democracy: Putting down global roots [R]. Institute for Electronic Government, IBM, 2004.

[64] CARMAN C J. B. Arriers are barriers: Asymmetric participation in the scottish public petitions system [J]. Parliamentary Affairs, 2012, 67 (1): 151-171.

[65] CARTER L, CHRISTIAN SHAUPP L , HOBBS J , et al. The role of security and trust in the adoption of online tax filing [J]. Transforming Government: People, Process and Policy, 2011, 5 (4): 303-318.

[66] CARTER L, WEERAKKODY V, PHILLIPS B, et al. Citizen adoption of e-government services: exploring citizen perceptions of online services in the United States and United Kingdom [J]. Information Systems Management, 2016, 33 (2): 124-140.

[67] CASTELNOVO W, SIMONETTA M. The evaluation of e-government projects for small local government organisations [J]. Electronic Journal of e-Government, 2007, 5 (1): 21-28.

[68] CHADWICK A, MAY C. Interaction between States and Citizens in the age of the internet: "e-government" in the United States, Britain, and the

European Union [J]. Governance, 2003, 16 (2): 271-300.

[69] CHAN F K Y, THONG J Y L, VENKATESH V, et al. Modeling citizen satisfaction with mandatory adoption of an e-government technology [J]. Journal of the Association for Information Systems, 2010, 11 (10): 519-549.

[70] CHANG K. Digital governance: New technologies for improving public service and participation [J]. International Review of Public Administration, 2012, 17 (2): 175-178.

[71] CHATFIELD A T, ALANAZI J. Collaborative governance matters to e-government interoperability: An analysis of citizen-centric integrated interoperable e-government implementation in Saudi Arabia [J]. International Journal of Public Administration in the Digital Age (IJPADA), 2015, 2 (3): 24-44.

[72] CHATFIELD AT, ALHUJRAN O. E-government evaluation: A user-centric perspective for public value proposition [C] //International Conference on e-Learning, e-Business, Enterprise Information Systems, and e-Government, USA: CSREA Press, 2007: 53-59.

[73] CHEN J, PAN J, XU Y. Sources of authoritarian responsiveness: A field experiment in China [J]. American Journal of Political Science, 2016, 60 (2): 383-400.

[74] CHEN Y-C, DIMITROVA D V. Electronic government and online engagement: Citizen interaction with government via web portals [J]. International Journal of Electronic Government Research, 2006, 2 (1): 54-76.

[75] CHUN S, SHULMAN S, SANDOVAL R, et al. Government 2.0: Making connections between citizens, data and government [J]. Information Polity, 2010 (15): 1-9.

[76] COLLINS B K, KIM H J. Are satisfied citizens willing to pay more? Public sector consumerism as equitable social exchange [J]. Public Money Management, 2009, 29 (2): 109-116.

[77] CORDELLA A, IANNACCI F. Information systems in the public sector: The e-government enactment framework [J]. The Journal of Strategic Information Systems, 2010, 19 (1): 52-66.

[78] COURSEY D, NORRIS D F. Models of e-Government: Are they correct? An empirical assessment [J]. Public Administration Review, 2008, 68 (3): 523-536.

[79] CUTHILL M, FIEN J. Capacity building: Facilitating citizen participation in local governance [J]. Australian Journal of Public Administration, 2005, 64 (4): 63-80.

[80] DANZIGER J N, ANDERSEN K V. The impacts of information technology on public administration: An analysis of empirical research from the "golden age" of transformation [J]. International Journal of Public Administration, 2002, 25 (5): 591-627.

[81] DISTELHORST G, HOU Y. In group bias in official behavior: A national field experiment in China [J]. Quarterly Journal of Political Science, 2013, 9 (2): 203-230.

[82] DUBÉ L, PARÉ G. Rigor in information systems positivist case research: Current practices, trends, and recommendations [J]. MIS Quarterly, 2003, 27 (4): 597-636.

[83] EBBERS W E, JANSEN M G M, VAN DEURSEN A J A M. Impact of the digital divide on e-government: Expanding from channel choice to channel usage [J]. Government Information Quarterly, 2016, 33 (4): 685-692.

[84] EBBERS W E, PIETERSON W J, NOORDMAN H N. Electronic government: Rethinking channel management strategies [J]. Government Information Quarterly, 2008, 25 (2): 181-201.

[85] ELO S, KYNGÄS H. The qualitative content analysis process [J]. Journal of Advanced Nursing, 2008, 62 (1): 107-115.

[86] EMAD ABU-SHANAB. E-democracy: The fruit of e-government [J]. International Journal of Technology and Globalisation, 2015, 8 (1): 15-28.

[87] ERGAZAKIS K, ASKOUNIS D, KOKKINAKOS P, et al. An integrated methodology for the evaluation of ePetitions [J] //Empowering Open and Collaborative Governance. Springer, Berlin, Heidelberg, 2012: 39-59.

[88] ESAIASSON P, GILLJAM M, PERSSON M. Responsiveness beyond policy satisfaction: Does it matter to citizens? [J]. Comparative Political Studies, 2017, 50 (6): 739-765.

[89] FERBER P, FOLTZ F, PUGLIESE R. Cyberdemocracy and online politics: A new model of interactivity [J]. Bulletin of Science, Technology & Society, 2007, 27 (5): 391-400.

[90] FEROZ KHAN G, YOUNG YOON H, KIM J, et al. From e-government to social government: Twitter use by Korea's Central Government [J]. Online Information Review, 2014, 38 (1): 95-113.

[91] FERRO E, MOLINARI F. Making sense of gov 2.0 strategies: "No Citizens, No Party" [J]. JeDEM-eJournal of e-Democracy and Open Government, 2010, 2 (1): 56-68.

[92] FLYVBJERG B. Five misunderstandings about case-study research [J]. Qualitative Inquiry, 2006, 12 (2): 219-245.

[93] FRANKLIN A L, HO A T, EBDON C. Participatory budgeting in midwestern states: Democratic connection or citizen disconnection? [J]. Public Budgeting & Finance, 2009, 29 (3): 52-73.

[94] FREDERICK DC, JOHN QUINCY ADAMS. Slavery, and the disappearance of the right of petition [J]. Law and History Review. 1991, 9 (1): 113-155.

[95] GARSON G D, HEEKS R. Public information technology and e-governance: Managing the virtual state [J]. Public Administration, 2007, 85

(3)：857-883.

[96] GELDERS D , BRANS M , MAESSCHALCK J , et al. Systematic evaluation of public participation projects：Analytical framework and application based on two belgian neighborhood watch projects [J]. Government Information Quarterly，2010，27 (2)：134-140.

[97] GOLUBEVA A A. Evaluation of regional government portals on the basis of public value concept：Case study from Russian Federation [C] //Proceedings of the 1st International Conference on Theory and Practice of Electronic Governance. ACM，2007：394-397.

[98] GONCALVES J，LIU Y，XIAO B，et al. Increasing the reach of government social media：A case study in modeling government-citizen interaction on facebook [J]. Policy & Internet，2015，7 (1)：80-102.

[99] GONZÁLEZ - BAILÓN S，BANCHS R E，KALTENBRUNNER A. Emotions，public opinion，and US presidential approval rates：A 5-year analysis of online political discussions [J]. Human Communication Research，2012，38 (2)：121-143.

[100] GRAHAM T. Everyday political talk in the internet-based public sphere [M] //Handbook of Digital Politics. Cheltenham，UK：Edward Elgar Publishing，2015：247-263.

[101] GRISEZ KWEIT M，KWEIT R W. Participation，perception of participation，and citizen support [J]. American Politics Research，2007，35 (3)：407-425.

[102] GRÖNLUND A. E-democracy and e-government：State of the art [C]. Glasgow：68th IFLA Council and General Conference，2002.

[103] GUNTER B. Advances in e-democracy：Overview [C] //Aslib Proceedings. Emerald Group Publishing Limited，2006，58 (5)：361-370.

[104] HALVORSEN K E. Assessing the effects of public participation

[J]. Public Administration Review, 2003, 63 (5): 535-543.

[105] HASSID J, BRASS J N. Scandals, media, and government responsiveness in China and Kenya [J]. Journal of Asian and African Studies, 2014, 50 (3): 325-342.

[106] HE B, WARREN M E. Authoritarian deliberation: The deliberative turn in chinese political development [J]. Perspectives on Politics, 2011, 9 (2): 269-289.

[107] HEATH H, COWLEY S. Developing a grounded theory approach: A comparison of glaser and strauss [J]. International Journal of Nursing Studies, 2004, 41 (2): 141-150.

[108] HIEN N M. A study on evaluation of e-government service quality [J]. International Journal of Social, Management, Economics and Business Engineering, 2014, 8 (1): 16-19.

[109] HOLMES D. EGov: E-business strategies for government [M]. London: Nicholas Brealey Publishing, 2001: 15-57.

[110] HUAI J. Quality evaluation of e-government public service [C] // Management and Service Science (MASS), 2011 International Conference on. IEEE, 2011: 1-4.

[111] HUNG C. The politics of china's Wei-Quan movement in the internet age [J]. International Journal of China Studies, 2010, 1 (2): 331-349.

[112] IRANI Z, ELLIMAN T, JACKSON P. Electronic transformation of government in the UK: A research agenda [J]. European Journal of Information Systems, 2007, 16 (4): 327-335.

[113] IRVIN R A, STANSBURY J. Citizen participation in decision making: is it worth the effort? [J]. Public Administration Review, 2004, 64 (1): 55-65.

[114] ISLAM M S. Towards a sustainable e-participation implementation

model [J]. European Journal of ePractice, 2008, 5 (10): 1-12.

[115] JOHANNESSEN M R, FLAK L S, SæBøØ. Choosing the right medium for municipal e-participation based on stakeholder expectations [C] //International Conference on Electronic Participation. Springer, Berlin, Heidelberg, 2012: 25-36.

[116] JOHN WALKER S. Big data: A revolution that will transform how we live, work, and think [M]. New York: Eamon Dolan /Houghton Mifflin Harcourt, 2013: 63.

[117] JØRGENSEN T B, BOZEMAN B. Public values: An inventory [J]. Administration & Society, 2007, 39 (3): 354-381.

[118] JUNG K, PARK S J, WU W N, et al. A webometric approach to policy analysis and management using exponential random graph models [J]. Quality Quantity, 2015, 49 (2): 581-598.

[119] KALMAN Y M, GERGLE D R. CMC cues enrich lean online communication: The case of letter and punctuation mark repetitions [C]. Tel Aviv, Israel: Proceedings of the Fifth Mediterranean Conference on Information Systems, 2010.

[120] KANG S-G, POWELL Jr G B. Representation and policy responsiveness: The median voter, election rules, and redistributive welfare spending [J]. The Journal of Politics, 2010, 72 (4): 1014-1028.

[121] KARUNASENA K, DENG H. Critical factors for evaluating the public value of e-government in Sri Lanka [J]. Government Information Quarterly, 2012, 29 (1): 76-84.

[122] KARUNASENA K, DENG H. Exploring the public value of e-government: An empirical study from sri lanka [C] //23rd Bled Conference, Bled, Slovenia, 2010: 286-300.

[123] KATHI P C, COOPER T L. Democratizing the administrative state:

Connecting neighborhood councils and city agencies [J]. Public Administration Review, 2005, 65 (5): 559-567.

[124] KAVANAUGH A L, FOX E A, SHEETZ S D, et al. Social media use by government: From the routine to the critical [J]. Government Information Quarterly, 2012, 29 (4): 480-491.

[125] KEARNS I. Public value and e-government [R]. London: Institute for Public Policy Research (IPPR), 2004.

[126] KELLY G, MULGAN G, MUERS S. Creating public value: An analytical framework for public service reform [EB/OL]. (2002-07-01) [2018-06-15]. http://unpan1. un. org/intradoc /groups /public/documents/un -dpadm/ unpan044950. pdf.

[127] KELLYG, MUERS S, MULGAN G. Creating public value: An analytical framework for public service reform [R]. London: Cabinet Office, UK Government, 2002.

[128] KELLY J M, SWINDELL D. A multiple-indicator approach to municipal service evaluation: Correlating performance measurement and citizen satisfaction across jurisdictions [J]. Public Administration Review, 2002, 62 (5): 610-621.

[129] KELLY, JANET M. If you only knew how well we are performing, you'd be highly satisfied with the quality of our service [J]. National Civic Review, 2003, 91 (3): 283-292.

[130] KIM S, LAYNE K. Making the connection: E-government and public administration education [J]. Journal of Public Affairs Education, 2001, 7 (4): 229-240.

[131] KIM S, LEE J. E-participation, transparency, and trust in local government [J]. Public Administration Review, 2012, 72 (6): 819-828.

[132] KING G. Restructuring the social sciences: Reflections from harvard's

institute for quantitative social science [J]. Political Science & Politics, 2014, 47 (1): 165-172.

[133] KIPENIS L, ASKOUNIS D. Assessing e-participation via user's satisfaction measurement: The case of ourspace platform [J]. Annals of Operations Research, 2016, 247 (2): 599-615.

[134] KLOPPENBERG J T. Reading obama: Dreams, hope, and the american political tradition [M]. Princeton: Princeton University Press, 2010: 3.

[135] KUBICEK H. What difference does the "E" make? Comparing communication channels in public consultation and collaboration processes [M] // Evaluating e-Participation: Frameworks, Practice, Evidence. Springer, Cham Heidelberg, New York, Dordrecht, London, 2016: 307-331.

[136] KWEIT M G, KWEIT R W. Citizen participation and citizen evaluation in disaster recovery [J]. The American Review of Public Administration, 2004, 34 (4): 354-73.

[137] LEE D, LOUTAS N, SÁNCHEZ-NIELSEN E, et al. Inform-consult-empower: A three-tiered approach to eParticipation [C] //International Conference on Electronic Participation. Springer, Berlin, Heidelberg, 2011: 121-132.

[138] LEE J, KIM J. Grounded theory analysis of e-government initiatives: Exploring perceptions of government authorities [J]. Government Information Quarterly, 2007, 24 (1): 135-147.

[139] LEE J, KIM S. Active citizen e-participation in local governance: Do individual social capital and e-participation management matter? [C]. Hawaii: 47th Hawaii International Conference on System Sciences (HICSS), 2014.

[140] LINDE J, PETERS Y. Responsiveness, support, and responsibility: How democratic responsiveness facilitates responsible government [J]. Party Politics, 2018 (2): 1-14.

[141] LINDERS D. From e-government to we-government: Defining a typology for citizen coproduction in the age of social media [J]. Government Information Quarterly, 2012, 29 (4): 446-454.

[142] LINDERS D. We-government: An anatomy of citizen coproduction in the information age [C] //Proceedings of the 12th Annual International Digital Government Research Conference: Digital Government Innovation in Challenging Times. ACM, 2011: 167-176.

[143] LINDNER R, AICHHOLZER G, BECKERT B, et al. Outlook: The way forward for european e-democracy [M] //Electronic Democracy in Europe. Springer, Cham, 2016: 185-195.

[144] LINDNER R, AICHHOLZER G, HENNEN L. An introduction [M] //Electronic Democracy in Europe. Springer, Cham, 2016: 1-17.

[145] LINDNER R, RIEHM U. Broadening participation through e-petitions? An empirical study of petitions to the german parliament [J]. olicy & Internet, 2011, 3 (1): 1-23.

[146] LINDNER R, RIEHM U. Electronic petitions and institutional modernization. International parliamentary epetition systems in comparative perspective [J]. eJournal of eDemocracy and Open Government, 2009, 1 (1): 1-11.

[147] LOLLAR X L. Assessing China's e-government: Information, service, transparency and citizen outreach of government websites [J]. Journal of Contemporary China, 2006, 15 (46): 31-41.

[148] LONG M. Beyond traditional boundaries: Government in the information age [J]. Australian Journal of Public Administration, 2002, 61 (1): 3-12.

[149] LUNA-REYES L F, AE CHUN S. Open government and public participation: Issues and challenges in creating public value [J]. Information Polity, 2012, 17 (2): 77-81.

[150] MACCALLUM R C, BROWNE M W, SUGAWARa H M. Power analysis and determination of sample size for covariance structure modeling [J]. Psychological Methods, 1996, 1 (2): 130–149.

[151] MACINTOSH A, COLEMAN S, SCHNEEBERGER A. E-Participation: The research gaps [C] //International Conference on Electronic Participation. Springer, Berlin, Heidelberg, 2009: 1–11.

[152] MACINTOSH A, MALINA A, WHYTE A. Designing e-democracy in Scotland [J]. Communications. 2002, 27 (2): 261–278.

[153] MACINTOSH A, MALINA A, FARRELL S. Digital democracy through electronic petitioning [M] //Advances in Digital Government. Springer, Boston, MA, 2002: 137–148.

[154] MENG T, PAN J, YANG P. Conditional receptivity to citizen participation: Evidence from a survey experiment in China [J]. Comparative Political Studies, 2017, 50 (4): 399–433.

[155] MERGEL I. Social media adoption: Toward a representative, responsive or interactive government? [C] //Proceedings of the 15th Annual International Conference on Digital Government Research. ACM, 2014: 163–170.

[156] MILLER T I, KOBAYASHI M. The voice of the public: Why citizen surveys work [J]. Public Management, 2001, 83 (4): 6–9.

[157] MING X. E-participation in government decision-making in China [R]. Vienna: Institute of Technology Assessment (ITA), 2012.

[158] MOON M J, WELCH E W. SAME BED, Different dreams? A comparative analysis of citizenand bureaucrat perspectives on e-government [J]. Review of Public Personnel Administration, 2005, 25 (3): 243–264.

[159] MORGESON F V, PETRESCU C. Do they all perform alike? An examination of perceived performance, citizen satisfaction and trust with US federal agencies [J]. International Review of Administrative Sciences, 2011, 77 (3):

451-479.

[160] MOSS G, COLEMAN S. Deliberative manoeuvres in the digital darkness: E-democracy policy in the Uk [J]. The British Journal of Politics and International Relations. 2014, 16 (3): 410-427.

[161] MOSSBERGER K, WU Y, CRAWFORD J. Connecting citizens and local governments? Social media and interactivity in major U. S. cities [J]. Government Information Quarterly, 2013, 30 (4): 351-358.

[162] MUSIAł - KARG M. The influence of ICT on modern democracy. selected dilemmas of electronic democracy [D]. Uniwersytet Adama Mickiewicza, 2016.

[163] NABATCHI T, BECKER J, LEIGHNINGER M. Using public participation to enhance citizen voice and promote accountability [M] //Handbook of Public Administration, 3rd ed. San Francisco, CA: Wiley, 2015: 137-151.

[164] NABATCHI T, LEIGHNINGER M. Public participation for 21st century democracy [M]. Hoboken, New Jersey: John Wiley & Sons, 2015: 14.

[165] NESHKOVA M I, GUO H. Public participation and organizational performance: Evidence from state agencies [J]. Journal of Public Administration Research Theory, 2012, 22 (22): 267-288.

[166] NEVIAROUSKAYA A, PRENDINGER H, ISHIZUKA M. Textual affect sensing for sociable and expressive online communication [C]. Lisbon: International Conference on Affective Computing and Intelligent Interaction, 2007.

[167] NYHOLM I, HAVERI A. Between government and governance - local solutions for reconciling representative government and network governance [J]. Local Government Studies, 2009, 35 (1): 109-124.

[168] O'FLYNN J. From new public management to public value: Paradigmatic change and managerial implications [J]. Australian Journal of Public Administration, 2007, 66 (3): 353-366.

[169] ONI A A, ONI S, MBARIKA V, et al. Empirical study of user acceptance of online political participation: Integrating civic voluntarism model and theory of reasoned action [J]. Government Information Quarterly, 2017, 34 (2): 317-328.

[170] ONWUEGBUZIE A J, JOHNSON R B, COLLINS K M. Call for mixed analysis: A philosophical framework for combining qualitative and quantitative approaches [J]. International Journal of Multiple Research Approaches, 2009, 3 (2): 114-139.

[171] PALMIERI S A. Petition effectiveness: Improving citizens' direct access to parliament [J]. Australasian Parliamentary Review, 2008, 23 (1): 121-135.

[172] PANAGIOTOPOULOS P, ALDEBEI M M , FITZGERALD G, et al. A business model perspective for ICTs in public engagement [J]. Government Information Quarterly, 2012, 29 (2): 192-202.

[173] PANAGIOTOPOULOS P, MOODY C, ELLIMAN T. An overview assessment of E-petitioning toolsin the english local government [M]. International Conference on Electronic Participation, Springer Berlin Heidelberg, 2011: 204-215.

[174] PARK S J, LIM Y S, SAMS S, et al. Networked politics on cyworld: The text and sentiment of Korean political profiles [J]. Social Science Computer Review, 2011, 29 (3): 288-299.

[175] PARKS R B. Linking objective and subjective measures of performance [J]. Public Administration Review, 1984, 44 (2): 118-127.

[176] PIETERSON W J. Channel choice: Citizens' channel behavior and public service channel strategy [D]. Enschede: University of Twente, 2009.

[177] PIETERSON W, EBBERS W. The use of service channels by citizens in the netherlands: Implications for multi-channel management [J]. International

Review of Administrative Sciences, 2008, 74 (1): 95-110.

[178] POLAT R K. The internet and political participation: Exploring the explanatory links [J]. European Journal of Communication, 2005, 20 (4): 435-459.

[179] POLAT R K. The internet and democratic local governance: The context of Britain [J]. The International Information & Library Review, 2005, 37 (2): 87-97.

[180] PORWOL L, OJO A, BRESLIN J G. An ontology for next generation e-participation initiatives [J]. Government Information Quarterly, 2016, 33 (3): 583-594.

[181] REDDICK C, ANTHOPOULOS L. Interactions with e-government, new digital media and traditional channel choices: Citizen-initiated factors [J]. Transforming Government: People, Process and Policy, 2014, 8 (3): 398-419.

[182] RISNER G, BERGAN D. The perils of participation: The effect of participation messages on citizens' policy support [J]. Journal of Public Transportation, 2012, 15 (2): 7.

[183] ROBERTS N. Public deliberation in an age of direct citizen participation [J]. The American Review of Public Administration, 2004, 34 (4): 315-353.

[184] ROSE W R, GRANT G G. Critical issues pertaining to the planning and implementation of e-government initiatives [J]. Government Information Quarterly, 2010, 27 (1): 26-33.

[185] SÁ F, ROCHA Á, COTA M P. From the quality of traditional services to the quality of local e-government online services: A literature review [J]. Government Information Quarterly, 2016, 33 (1): 149-160.

[186] SæBø Ø, ROSE J, FLAK L S. The shape of E-participation: Characterizing an emerging research area [J]. Government Information Quarterly,

2008, 25 (3): 400-428.

[187] SANDOVAL-ALMAZAN R, GIL-GARCIA J R. Are government internet portals evolving towards more interaction, participation, and collaboration? Revisiting the rhetoric of e-government among municipalities [J]. Government Information Quarterly, 2012, 29: S72-S81.

[188] SANTHANAMERY T, RAMAYAH T. Understanding the effect of demographic and personality traits on the e-filing continuance usage intention in Malaysia [J]. Global Business Review, 2015, 16 (1): 1-20.

[189] SANTOS P M, ROVER A J. Knowledge representation through ontologies: An application in the electronic democracy field [J]. Perspectivas em Ciência da Informação, 2016, 21 (3): 22-49.

[190] SCHLOSBERG D, SHULMAN S W, ZAVESTOSKI S. Virtual environmental citizenship: Web-basedpublic participation in rulemaking in the United States [M]] //Dobson A, Bell D. Environmental Citizenship, London: Mit Press, 2005: 207-236.

[191] SCHOFIELD J. A model of learned implementation [J]. Public Administration, 2004, 82 (2): 283-308.

[192] SCHWESTER R W, CARRIZALES T, HOLZER M. An examination of the municipal 311 system [J]. International Journal of Organization Theory Behavior, 2009, 12 (2): 218-236.

[193] SCOTT M, DELONE W, GOLDEN W. Measuring E-government success: A public value approach [J]. European Journal of Information Systems, 2016, 25 (3): 187-208.

[194] SHANE P M. Democracy Online: The prospects for political renewal through the internet [M]. Oxon, U. K.: Routledge, 2004: Introduction (xi).

[195] SIEDSCHLAG A. Digital democracy and its application to the international arena-From "Deliberation" to "Decision" [M] //The Resurgence of

the State: Trends and Processes in Cyberspace Governance. Burlington: Ashgate Publishing, 2007: 35-58.

[196] SIKYUM LEE, XINYUAN SONG, SUZANNE SKEVINGTON, et al. Application of structural equation models to quality of life [J]. Structural Equation Modeling A Multidisciplinary Journal, 2005, 12 (3): 435-453.

[197] SINGH S. Promoting e-governance through right to information: A case-study of India [J]. International Journal of Scientific and Engineering Research, 2010, 1 (2): 1-10.

[198] SPIRAKIS G, SPIRAKI C, NIKOLOPOULOS K. The impact of electronic government on democracy: E-democracy through e-participation [J]. Electronic Government, 2009, 7 (1): 75-88.

[199] STOKER G. Public value management: A new narrative for networked governance?[J]. The American Review of Public Administration, 2006, 36 (1): 41-57.

[200] STOLLE D, HOOGHE M. Shifting inequalities [J]. European Societies, 2011, 13 (1): 119-142.

[201] TABER C S, LODGE M. Motivated skepticism in the evaluation of political beliefs [J]. American Journal of Political Science, 2006, 50 (3): 755-769.

[202] TAMBINI D, TSAGAROUSIANOU R, Bryan C. Electronic democracy and the civic networking movement in context [M] //Cyberdemocracy Routledge, 2002: 11-27.

[203] THELWALL M, WILKINSON D, UPPAL S. Data mining emotion in social network communication: Gender differences in my space [J]. Journal of the American Society for Information Science and Technology, 2010, 61 (1): 190-199.

[204] VAN DIJK J. The network society [M]. London: Sage Publications,

2012：112.

[205] VAN RYZIN G G, IMMERWAHR S. Importance-performance analysis of citizen satisfaction surveys [J]. Public Administration, 2007, 85 (1): 215-226.

[206] VEDEL T. The idea of electronic democracy: Origins, visions and questions [J]. Parliamentary Affairs, 2006, 59 (2): 226-235.

[207] VENKATESH V, SYKES T A, VENKATRAMAN S. Understanding e-government portal use in rural India: Role of demographic and personality characteristics [J]. Information Systems Journal, 2014, 24 (3): 249-269.

[208] VERDEGEM P, VERLEYE G. User-centered e-government in practice: A comprehensive model for measuring user satisfaction [J]. Government Information Quarterly, 2009, 26 (3): 487-497.

[209] VIGODA E. Are you being served? The responsiveness of public administration to citizens' demands: An empirical examination in Israel [J]. Public Administration, 2000, 78 (1): 165-191.

[210] VRAGOV R, KUMAR N. The impact of information and communication technologies on the costs of democracy [J]. Electronic Commerce Research and Applications, 2013, 12 (6): 440-448.

[211] WANG F. Explaining the low utilization of government websites: Using a grounded theory approach [J]. Government Information Quarterly, 2014, 31 (4): 610-621.

[212] WANG X. Assessing public participation in U. S. cities [J]. Public Performance & Management Review, 2001, 24 (4): 322-336.

[213] WANG, CHANGLIN. Antecedents and consequences of perceived value in mobile government continuance use: An empirical research in China [J]. Computers in Human Behavior, 2014 (34): 140-147.

[214] WELCH E W, HINNANT C C, MOON M J. Linking citizen satisfac-

tion with e-government and trust in government [J]. Journal of Public Administration Research and Theory, 2005, 15 (3): 371-391.

[215] WILSON H S, HUTCHINSON S A. Triangulation of qualitative methods: Heideggerian hermeneutics and grounded theory [J]. Qualitative Health Research, 1991, 1 (2): 263-276.

[216] WIMMER M A. Ontology for an e-Participation virtual resource centre [C] //Proceedings of the 1st International Conference on Theory and Practice of Electronic Governance. ACM, 2007: 89-98.

[217] WIRTZ B W, PIEHLER R, DAISER P. E-government portal characteristics and individual appeal: An examination of e-government and citizen acceptance in the context of local administration portals [J]. Journal of Nonprofit & Public Sector Marketing, 2015, 27 (1): 70-98.

[218] WISNIEWSKI M. Using servqual to assess customer satisfaction with public sector services [J]. Managing Service Quality, 2001, 11 (11): 380-388.

[219] WONG W, WELCH E. Does e-government promote accountability? A comparative analysis of website openness and government accountability [J]. Governance, 2004, 17 (2): 275-297.

[220] WRIGHT S. Electrifying democracy? 10 years of policy and practice [J]. Parliamentary Affairs, 2006, 59 (2): 236-249.

[221] WU W N, JUNG K. A missing link between citizen participation, satisfaction, and public performance: Evidences from the city and county of san francisco [J]. International Journal of Public Sector Performance Management, 2016, 2 (4): 392-410.

[222] YANG G. The power of the internet in China: Citizen activism online [M]. Columbia: Columbia University Press, 2009: 3.

[223] YANG K, PANDEY S K. Further dissecting the black box of citizen participation: When does citizen involvement lead to good outcomes? [J].

Public Administration Review, 2011, 71 (6): 880-892.

[224] YASSERI T, HALE S A, MARGETTS H. Modeling the rise in internet-based petitions [EB/OL]. (2014-08-14) [2018-07-15]. https://arxiv.org/pdf/1308.0239.pdf.

[225] YILDIZ M. E-government research: Reviewing the literature, limitations, and ways forward [J]. Government Information Quarterly, 2007, 24 (3): 646-665.

[226] ZHENG Y, SCHACHTER H L. Explaining citizens' e-participation use: The role of perceived advantages [J]. Public Organization Review, 2017, 17 (3): 409-428.

[227] ZHENG Y. Explaining citizens' e-participation usage: Functionality of e-participation applications [J]. Administration & Society, 2017, 49 (3): 423-442.

[228] 蔡文之. 网络: 21 世纪的权力与挑战 [M]. 上海: 上海人民出版社, 2007: 108.

[229] 陈纯柱, 樊锐. “网络问政” 的价值及制度化研究 [J]. 社会科学研究, 2013 (1): 54-59.

[230] 陈姣娥. 中国网民倾向性政策态度形成的扎根研究 [D]. 武汉: 华中科技大学, 2012.

[231] 陈尧. 民主的要义: 当代西方参与式民主理论研究 [M]. 上海: 上海人民出版社, 2016: 207.

[232] 丁煌. 寻求公平与效率的协调与统一: 评现代西方新公共行政学的价值追求 [J]. 中国行政管理, 1998 (12): 81-84, 80.

[233] 董德民. 公众感知政府公共文化服务质量评价研究 [M]. 北京: 经济科学出版社, 2017: 56.

[234] 杜治洲. 电子政务条件下政府与公众互动的三种模式 [J]. 中州学刊, 2008 (2): 16-18.

［235］范并思．社会科学信息分析中的文本挖掘［J］．图书情报工作，2012，56（8）：6-9.

［236］龚莎莎．电子政务公众满意度模型构建及测评研究［D］．成都：电子科技大学，2009.

［237］官永彬．公众参与对民生类公共服务满意度影响的理论分析［J］．重庆师范大学学报（社会科学版），2014（6）：63-69.

［238］郭晓科．大数据［M］．北京：清华大学出版社，2013：40.

［239］何增科，包雅钧．公民社会与治理［M］．北京：社会科学文献出版社，2011：5.

［240］黄冬霞．网络意识形态话语权研究［D］．成都：电子科技大学，2017.

［241］黄河燕，陈肇雄．基于多策略分析的复杂长句翻译处理算法［J］．中文信息学报，2002，16（3）：2-8.

［242］黄少华．城市居民网络政治参与行为研究［M］．北京：科学出版社，2017：81.

［243］景朝亮，毛寿龙．从政府职能转变的视角反思社区基本公共服务［J］．天津行政学院学报，2015，17（1）：3-8.

［244］李丹阳．大数据背景下的中国应急管理体制改革初探［J］．江海学刊，2014（2）：118-123，239.

［245］李德国．理解公共服务：基于多重约束的机制选择［M］．北京：中国社会科学出版社，2017：171-178.

［246］李德国．走向实践的新公共服务：行动指南与前沿探索［J］．国家行政学院学报，2013（3）：103-108.

［247］李贺楼．扎根理论方法与国内公共管理研究［J］．中国行政管理，2015（3）：90-95.

［248］李松林．政府回应性框架下的网络问政及治理思路［J］．长白学刊，2013（2）：71-75.

[249] 李欣．中国公民权利成长的多重逻辑：以网络问政为例［J］．湖北社会科学，2015（5）：34-42.

[250] 李重照，刘新萍．中国省级移动政务平台建设现状研究：从WAP到APP［J］．电子政务，2014（11）：16-22.

[251] 梁晓琴．基于云计算的政企互动电子政务模式研究［D］．天津：天津大学，2013.

[252] 刘大志．网络理性的生成及影响［D］．杭州：浙江大学，2013.

[253] 刘文富．网络政治：网络社会与国家治理［M］．北京：商务印书馆，2002：215.

[254] 毛基业，陈诚．案例研究的理论构建：艾森哈特的新洞见——第十届“中国企业管理案例与质性研究论坛（2016）”会议综述［J］．管理世界，2017（2）：135-141.

[255] 孟庆国．政府2.0：电子政务服务创新的趋势［J］．电子政务，2012（11）：2-7.

[256] 孟天广，李锋．网络空间的政治互动：公民诉求与政府回应性——基于全国性网络问政平台的大数据分析［J］．清华大学学报（哲学社会科学版），2015（3）：17-29.

[257] 孟天广．政治科学视角下的大数据方法与因果推论［J］．政治学研究，2018（3）：29-38.

[258] 孟小峰，慈祥．大数据管理：概念、技术与挑战［J］．计算机研究与发展，2013（1）：146-169.

[259] 米加宁，章昌平，李大宇，等．第四研究范式：大数据驱动的社会科学研究转型［J］．学海，2018（2）：11-27.

[260] 米加宁，章昌平，李大宇，等．“数字空间”政府及其研究纲领：第四次工业革命引致的政府形态变革［J］．公共管理学报，2020，65（1）：6-22，173.

[261] 邱小燕．句子长度的分布规律及其制约因素［D］．合肥：安徽

大学，2017.

［262］瞿忠琼，鹿艺鸣．探寻公众感知的本质与迭代逻辑［J］．自然辩证法研究，2016（4）：96-101.

［263］沙勇忠，等．信息分析：第2版［M］．北京：科学出版社，2016：130.

［264］沙勇忠，阎劲松，王峥嵘．雅安地震后红十字会的公众信任研究：基于微博数据的网民情感分析［J］．公共管理学报，2015，12（3）：93-104.

［265］沙勇忠，赵润娣．美国开放政府计划背景下的公众参与：进展、问题及启示［J］．南京社会科学，2015（11）：77-83.

［266］邵梓捷，杨良伟．“钟摆式回应”：回应性不足的一种解释——基于S市地方领导留言板的实证研究［J］．经济社会体制比较，2020，207（1）：118-126.

［267］世界银行专家组．公共部门的社会问责：理念探讨及模式分析［M］．宋涛，译．北京：中国人民大学出版社，2007：39.

［268］宋敏．公共行政的价值反思与重构：西方新公共行政学理论述评［J］．中南大学学报（社会科学版），2011，17（6）：34-40.

［269］孙鹤然．大数据时代的精细化分析［N］．中国计算机报，2011-06-06.

［270］涂子沛．大数据：正在到来的数据革命，以及它如何改变政府、商业与我们的生活［M］．桂林：广西师范大学出版社，2013：79.

［271］汪卉．基于网络问政平台的政民互动研究［D］．南昌：江西师范大学，2015.

［272］汪锦军．公共服务中的公民参与模式分析［J］．政治学研究，2011（4）：51-58.

［273］王建玲，邱广华．公共部门电子服务质量评价研究［J］．中国行政管理，2011（7）：34-37.

［274］王晶晶．电子政务政民互动机制与互动平台建设［D］．邯郸：河北工程大学，2011.

［275］王绍光．中国公共政策议程设置的模式［J］．中国社会科学，2006（5）：86-99.

［276］王天思．大数据中的因果关系及其哲学内涵［J］．中国社会科学，2016（5）：22-42，204-205.

［277］王学军，王子琦．政民互动、公共价值与政府绩效改进：基于北上广政务微博的实证分析［J］．公共管理学报，2017，14（3）：31-43.

［277］王卓，吴迪．公民意识表现及其影响因素研究［J］．社会科学研究，2010（4）：124-130.

［279］翁士洪，叶笑云．网络参与下地方政府决策回应的逻辑分析：以宁波 PX 事件为例［J］．公共管理学报，2013（4）：26-36.

［280］邬贺铨．大数据时代的机遇与挑战［J］．求是，2013（4）：47-49.

［281］吴建南，马亮，杨宇谦．比较视角下的效能建设：绩效改进、创新与服务型政府［J］．中国行政管理，2011（3）：37-42.

［282］吴建南，王芸，黄加伟．行风评议与政府绩效改进［J］．西安交通大学学报（社会科学版），2009，29（1）：64-69.

［283］吴韵曦．网络问政内涵辨析［J］．理论界，2012（12）：112-114.

［284］谢雪玲．G2C 电子政务的客户需求及服务有效性研究：基于卡诺模型的视角［J］．中外企业家，2013（30）：128-131.

［285］徐黎明，姜艳艳．论网络时代的公民政治参与的意义［J］．理论探讨，2008（4）：20-22.

［286］徐艳晴，周志忍．公民满意度数据失真现象考察：信任赤字、博弈策略、理论意涵［J］．公共行政评论，2014（6）：55-66.

［287］杨国兵．网络问政的环境与政府回应的速度：基于苏州“寒山闻钟”的实证分析［J］．理论导刊，2016（9）：38-44.

［288］杨晓鸣．成都市软科学计划管理网络平台的政民互动实施效果调查研究［D］．成都：电子科技大学，2013.

［289］杨志荣．政府职能转变新趋势下我国公共服务市场化路径探析［J］．现代管理科学，2015（12）：79-81.

［290］姚姗姗．大数据时代的挑战：开放和创新［N］．中国计算机报，2013-01-14（2）.

［291］张华，仝志辉，刘俊卿．选择性回应：网络条件下的政策参与——基于留言板型网络问政的个案研究［J］．公共行政评论，2013（3）：101-126，168-169.

［292］张廷君．城市公共服务政务平台公众参与行为及效果：基于福州市便民呼叫中心案例的研究［J］．公共管理学报，2015，12（2）：21-29，154.

［293］张亚勇．试论网络政治参与的无序性及其规范［J］．求实，2007（12）：71-73.

［294］郑建君．推动公民参与基层治理：公共服务提升与社会秩序维护——基于苏州市相城区的调研分析［J］．甘肃社会科学，2017（2）：42-47.

［295］周杨．构建 SaaS 模式电子政务服务云平台［J］．中国管理信息化，2012，15（4）：43-44.

［296］周志忍．论政府绩效评估中主观客观指标的合理平衡［J］．行政论坛，2015（3）：37-44.

［297］周志忍．为政府绩效评估中的“结果导向”原则正名［J］．学海，2017（2）：15-25.

重要术语索引

X

Y

Z